Start up

엄마와 아이가 함께 하는

스마트폰으로
이모티콘
작가되기

임희빈, 최고은 지음

KB081692

아티오
ArtStudio

Prologue

디지털 네이티브 세대라는 초등학교 4학년 한 아이는 하루종일 스마트폰과 함께 합니다. 아이가 집에 있는 시간이 길어지면서 엄마의 잔소리도 함께 늘어갑니다. 이렇게 늘 스마트폰을 보던 소비자의 삶을 사는 아이에게 스마트폰을 가지고 생산자의 삶을 살아가는 것을 알려주었습니다. 연필로 그리던 그림을 디지털로 그려냅니다. 디지털 네이티브 세대이므로 하나도 어렵지 않고 흥미롭고 재미있습니다. 매번 그리다 만 작품들이 이제는 완벽한 모습으로 완성이 됩니다. 아이의 성취감이 향상되었습니다.

스마트폰만 보고 있다고 잔소리하던 엄마는 여전히 스마트폰만 하는 아이에게 이제는 잔소리 대신 작가님이라고 불러줍니다. 아이의 자존감이 어느 순간 높아졌습니다.

평소 연습장에 그린 후 바닥에 굴러다니던 그림들이 쓰레기통에 들어가곤 했는데, 이제 아이의 그림은 인터넷 상에 판매가 됩니다. 돈이 통장으로 들어오니 생산자의 삶을 살아가는 아이는 저절로 경제 개념도 함께 배우고 있습니다.

저와 우리 아이의 이야기입니다

우리 아이가 해낸 경험으로 아이들과 함께 하는 '나도 이모티콘 작가' 라는 이모티콘 작가되기 프로젝트를 시작했습니다. 어른들도 함께 참여하기도 하는데 아이들이 창의력도 넘치고 아이디어도 샘솟는 것을 발견합니다. 디지털 네이티브 세대에 걸맞게 스마트폰을 다루는데도 능수능란합니다. 그리고 아이들은 이모티콘 작가가 되어 생산자의 삶을 살아갑니다.

카카오톡 이모티콘 '사랑하는 그대에게'

의 임선경 작가님은 낙서 그림으로 대기업 연봉 이상을 번다고 하십니다. 실제로 '사랑하는 그대에게'는 1개월 만에 1억 원 매출을 기록하였다고 합니다. 낙서를 그려서 판매할 수 있고, 취미로 돈을 벌 수 있는 세상입니다.

이제 우리 엄마들과 아이들 차례입니다

여러분이나 아이들이 메모지에 그리던 낙서를 이모티콘으로 만들도록 도와주세요. 우리 아이들은 이제 이모티콘 작가로 불리고, 수익도 생깁니다. 이 책은 나만의 이모티콘을 만들어서 판매를 하고 싶은 엄마들과 아이들을 위해서 만들었습니다.

엄마뿐 아니라 초등학생 어린이들도 만들 수 있도록 '누구나 쉽게'에 포커스를 맞춘 책이기에 포토샵이나 일러스트를 사용하지 않고, 스마트폰의 앱을 사용해서 만드는 방법을 알려드립니다. 책을 보면서 그대로 따라 할 수 있도록 작성하였습니다.

자신만의 이모티콘을 만들기만 해도 즐겁고 기쁜 일인데, 그것을 판매하여 돈까지 벌 수 있다면 더없이 좋을 것입니다. 책에 있는 내용을 그대로 따라 하여 네이버 OGQ 마켓에 이모티콘을 제안하고 승인받아 작가가 되기를 바랍니다. 그에 대한 수익도 꼭 가져가시길 바랍니다. 이모티콘 작가가 된 여러분을 응원합니다.

임희빈, 최고은

Prologue

초등학교 5학년 꼬니 작가 이야기

 그림 그리는 것을 좋아하나요?

네! 그림 그리는 것을 좋아해요. 쉬는 시간에 아이들이 밖에서 뛰어놀 때 저는 자리에 앉아서 그림을 그렸어요. 친구들이 그림을 잘 그렸다고 하면 너무 기뻐요. 언제는 한번 바다를 그렸는데 모두 칭찬을 해주어서 좋았어요.

 어떻게 이모티콘 작가를 시작하게 되었나요?

어느 날인가 엄마가 이모티콘을 그려보라고 했어요. 처음에는 엄마가 해보라고 해서 그림을 그린 것 밖에는 없었어요. 하지만 일러스트를 배우고 그림을 그리면서 너무 재미있었어요. 툴을 하나씩 알아가는 단계도 너무 재미있었어요. 인터넷에서 '떵이자까'님의 이모티콘 만들기 강의도 들었는데 쉽고 재미있게 설명을 잘 해주셔서 잘 할 수 있었던 것 같아요. 엄마와 떵이자까 님께 감사해요.

 이모티콘을 만들면서 어려운 점은 있었나요?

딱히 어려운 점은 없었어요. 다만 첫 번째, 두 번째 그림은 한 번에 승인을 받았는데, 세 번째 그림인 '똥꼬발랄 무지'가 2번이나 반려되어 힘들었어요.

 어려운 부분은 어떻게 해결했나요?

고쳐서 다시 제안했어요. 네이버 OGQ는 승인되지 않은 이유를 알려준다고 했는데, 저의 경우에는 이유를 알려주지 않아서 더 힘들었어요. 그림체가 너무 동일한 것 같아서 변화를 주었고, 글씨체도 손 글씨에서 폰트 글씨로 바꾸고, 글씨의 색도 바꿔서 세 번째 제안에서 승인이 되었어요. 너무 기뻤어요.

학교 공부에 방해가 되지는 않았나요?

네, 전혀요! 아이들도 취미는 있잖아요? 취미 정도로 생각해주시면 좋을 것 같아요.

 이모티콘 작가가 되어보니 어떤 점이 좋은가요? 이전과 다른 점이 있나요?

작가라고 생색 낼 수 있는 것이 가장 좋아요. 엄마가 뭐하냐고 물었을 때 "캐릭터 그리고 있어"라고 대답하면 엄마가 "아, 네! 작가님"이라고 불러주는데 너무 뿌듯하고 좋아요. 가끔 엄마에게 물을 달라고 부탁을 하면 "너가 갖다 먹어" 라고 하시는데, 캐릭터를 그리고 있다고 하면 물을 갖다 주거든요. :) 그리고 저도 얼마 안 되지만 돈을 벌 수 있다는 것이 좋습니다. ^^

 이모티콘 작가를 준비하는 친구들에게 해주고 싶은 얘기가 있을까요?

처음에 시작할 때는 너무 재미있지만, 하다보면 가끔은 그림을 그리기 싫을 때가 있어요. 인내를 가지고 끈기 있게 끝까지 그려서 이모티콘 작가가 되길 바래요.

최고은

이 책의 특징

emoticon

03 : 이비스 페인트를 이용한 이모티콘 제작 따라해 보기

여태까지 이비스 페인트의 기능들을 살펴 보았는데 잘 이해가 안 되는 부분도 있었을 것입니다. 그래서 실전 연습으로 직접 캐릭터를 그리면서 기능들을 익혀보기로 합니다. 그림을 잘 그리거나 이비스 페인트를 많이 사용했던 사람들은 빈 캠퍼스에 손으로 쓱쓱 그려나갈 수도 있겠지만 초보자들은 아무래도 직접 그리는데 어려움이 따를 수 있습니다.

그래서 여기에서는 이미 그려진 캐릭터 그림을 3개 준비했습니다. 손으로 그리는 그림으로 공룡 캐릭터인 쏘어와 고양이 캐릭터인 꼬미, 도형을 이용하여 그리는 팬서판다 캐릭터인 팬서입니다. 이들 그림을 그대로 따라 하면서 캐릭터를 만들어 보기로 합니다. 또한 그리기가 아닌 사진을 이용하여 캐릭터 이모티콘을 만드는 방법도 소개합니다.

그대로 따라 하다 보면 이비스 페인트의 기능들을 자연스럽게 이해할 수 있을 것입니다.

방법을 대략 살펴보면 다음과 같습니다.
❶ 캐릭터가 들어있는 이미지를 불러옵니다.
❷ 브러시를 사용하여 캐릭터 테두리를 따라 그립니다.
❸ 원본 캐릭터를 버리면 따라 그린 테두리만 남게 됩니다.
❹ 따라 그린 테두리에 색을 입혀 나만의 캐릭터를 만듭니다.
　(여기서는 실습을 위해 원본을 그대로 따라 그렸지만, 그리는 과정에서 나만의 색을 입히거나 특색 있게 캐릭터 수정을 할 수도 있습니다).
❺ 세세한 작업을 하여 완성시킵니다.

STEP

총 5개의 Step으로 나누어 책에 나오는 대로 따라하기만 하면 기본적인 내용을 습득할 수 있도록 구성하였습니다.

[색상] 도구
선택 시 색상을 설정할 수 있는 화면이 나타납니다.

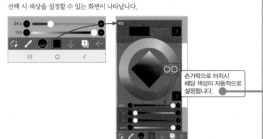

손가락으로 터치시 해당 색상이 자동적으로 설정됩니다.

TIP

화면 내용을 좀 더 쉽게 배울 수 있도록 주석을 달아 놓았습니다.

여기서 잠깐!
[레이어] 도구를 눌러 나타난 메뉴 중 오른쪽 맨 위의 [레이어 지우기]를 선택해도 레이어 제거를 할 수 있습니다.

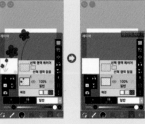

여기서 잠깐!

교재 설명 과정 중에 놓치기 쉽거나, 누구나 알거라 생각하지만, 알지 못하는 부분을 한번 더 짚어주었습니다.

독자 Q&A

저자가 가지고 있는 노하우를 독자의 질문을 통해서 설명하였습니다.

POWER UPGRADE

하나 더 알아두면 좋은 기능 및 고급 기능을 담았습니다.

부록

스마트폰으로 이모티콘 작가되는 방법 등 유용한 정보를 수록하였습니다.

차 례

차례

Step 5 : 이모티콘 제안하기

|부록| 나도 이모티콘 작가 프로젝트   198

STEP
01

스마트폰 소비자의 삶에서 생산자의 삶으로 전환하기

01 : 스마트폰 소비자의 삶에서
생산자의 삶으로 전환하기

1. 우리 아이 소비자의 삶

코로나는 우리들의 삶 전체를 바꾸어 놓았습니다. 아이들은 학교를 못 가고 엄마들은 아이들과 하루종일 집에 있는 것이 힘듭니다. 공부도 봐주고, 같이 놀아주고, 세끼 밥도 챙겨줘야 합니다. 그러다 보니 엄마와 아이 간에 끝없는 신경전은 물론 긴장감이 감돌기도 하는 등 하루하루가 편할 날이 없습니다.

인터넷에 떠도는 글 중에 〈코로나 방학 생활 수칙〉이란 것이 있습니다.

[코로나 방학 생활 수칙]

❶ 주는 대로 먹는다.
❷ TV 끄라고 하면 당장 끈다.
❸ 사용한 물건 즉시 제자리
❹ 한번 말하면 바로 움직인다.
❺ 엄마에게 쓸데없이 말 걸지 않는다.
(*) 위 사항을 어기면 피가 코로나올 것이다.

오죽했으면 이걸 붙여 놓았을까 싶으면서도 너무 공감이 되어 저도 캡처해 두었습니다. 그런데 엄마들만 힘들까요? 아이들도 마찬가지입니다. 엄마들도 난생 처음 겪는 일이지만, 아이들은 아이들 나름대로 힘이 듭니다.

우리 아이들도 온라인 수업은 처음입니다. 컴퓨터와 휴대폰에 능수능란한 아이들이지만 선생님과 교감 없이, 친구들과도 교감 없이 컴퓨터 앞에 앉아서 공부를 하기란 쉽지 않습니다.

친구들과 뛰어 놀고도 싶은데, 매일 써야 하는 마스크는 너무 답답하기만 합니다. 심지어 태권도 학원에서도 마스크를 쓰고 운동을 해야 한다고 하니 아이들이 얼마나 힘들까요?

이러한 상황 속에서 저는 어쩔 수 없이 아이에게 하루 2시간, 주말 3시간만 휴대폰 사용을 허용하였습니다. 그러나 코로나 방학이 길어지면서 할머니 집에 오래 있게 된 아이에게 휴대폰 통제는 의미가 없었습니다. 자신의 휴대폰에 지정된 시간이 끝나 더 이상 볼 수 없게 되면, 할머니 휴대폰을 보면 되니까요.

그래서 어차피 보는 유튜브인데 '아이가 영어책이라도 읽었으면 좋겠다.' 하는 마음으로 하루 영어책 3권 읽기로 약속하고 휴대폰 사용 시간을 무제한으로 바꾸어 주었습니다. 그러던 어느 날 아이 휴대폰을 검사하다가 깜짝 놀랐습니다.

'9시간 49분!!!'
아이가 하루 동안 유튜브를 본 시간입니다. 아무 말 하지 않고 그냥 두면 거의 10시간을 유튜브를 볼 수 있는 아이입니다.

애가 타긴 했지만 엄마는 회사에 있고, 아이는 할머니와 있으므로 엄마가 할 수 있는 일은 아무것도 없었습니다. 그저 아이가 유튜브를 조금 덜 봐주기만 바랄 뿐이었지요.

친한 친구의 아이가 많이 아팠습니다. 어느 날 저에게 이런 얘기를 해 주었습니다.

"희빈아, 병원에 가면 아픈 애들이 얼마나 많은지 몰라. 거기 엄마들은 애들이 휴대폰 들고 있으면 그렇게 좋아한다? 우리 애가 뽀로로를 봤어요 하면서... 아픈 애들은 휴대폰을 들고 있는 것조차 힘들거든..."

그 말을 듣고 생각을 조금 달리하게 되었습니다. "그래, 유튜브 좀 보면 어때, 건강하면 감사하지!" 마음속으로 생각해 봅니다. 하지만 말이 쉽지 매일매일 되뇌어야 합니다. 순간순간 '욱'하고 올라올 때가 한두 번이 아니거든요.

2. 디지털 네이티브 세대

사람들은 우리 아이들을 디지털 네이티브 세대라고 부릅니다. 디지털 네이티브란? 어린 시절부터 디지털 환경에서 성장한 세대를 뜻하는 말이라고 합니다. 스마트폰과 컴퓨터 등 디지털 기기를 원어민(Native speaker)처럼 자유자재로 활용하는 세대라는 의미가 있습니다. 미국의 교육학자인 마크 프렌스키가 2001년 처음 제시한 개념입니다. 그는 디지털 기술과 함께 성장한 새로운 세대를 '디지털 네이티브'라 명명하고 이들에게 적합한 새로운 교육 환경이 필요하다고 주장했습니다. 디지털 기술의 급속한 보급이 학생들의 정보 습득과 사고방식을 변화시켰으며, 기존의 교육방식은 이들에게 효과적이지 않다고 합니다.

디지털 네이티브는 멀티태스킹에 능숙하고 신속한 반응을 추구하는 경향이 있다고 알려졌습니다. 다양한 디지털 기기를 사용해 동시다발적으로 여러 정보를 얻는 세대입니다.

정확히 말하자면 아이가 유튜브를 약 10시간 봤던 날 아무것도 안 하고 오로지 유튜브만 본 것은 아닙니다. 그저 유튜브를 틀어놓고 다른 것을 만들기도 하고, 그림도 그렸습니다. 유튜브는 우리가 라디오를 틀어놓고 다른 일을 하듯이 배경음악 정도로 계속 돌아가고 있던 것이었습니다. 그런데 엄마들은 그런 아이들을 보면 답답하기만 합니다. 그림만 그리고, 만들기만 하는데 집중할 수는 없을까? 이걸 속으로만 생각하는 엄마는 이미 대단하신 엄마입니다. 대부분의 엄마는 바로 입을 통해 아이에게 잔소리를 시전합니다.

"하나만 할 수 없니?"
"유튜브 좀 꺼라."
"휴대폰 다 갖다 버릴 거야. 그만 좀 봐."
아이들의 입장에서 잔소리 대마왕이 되는 순간입니다.

디지털 네이티브, 멀티태스킹에 능숙하고 다양한 디지털 기기를 사용해서 동시다발적으로 여러 정보를 얻는 세대, 이렇게 한정하면 아이들을 바라보는 시선이 조금은 편해질까요?

제 친구의 아이는 2개의 휴대폰(주 휴대폰과 와이파이만 되는 휴대폰)과 태블릿 PC 이렇게 3개를 틀어놓고 보기도 하고 게임도 합니다. 그게 된답니다. 이 아이는 그렇게 본 유튜브를 통해서 일본어를 익혔습니다. 부모님이 하나도 가르쳐 주지 않았고, 학원도 가지 않았는데 말이지요. 엄마는 아이가 일본어 방송을 보는 것은 알았지만, 일본어를 구사할 줄은 몰랐다고 합니다. 어느 날 지하철에서 일본인과 대화하는 아이를 보고 깜짝 놀랐던 일을 저에게 얘기해 주었습니다. 아이와 대화를 했던 그분께 아이가 얼마나 일본어를 할 줄 아냐고 물어보니 모든 의사소통이 된다고 했다고 합니다.

그렇다고 모든 아이에게 유튜브를 맘대로 허용해도 되고 2개, 3개씩 돌려놔도 뭐라 하지 말라고 말씀을 드리는 것은 아닙니다. 미국 실리콘밸리의 가정에는 IT 기기가 없는 집이 많다고 합니다. 스티브 잡스도 자녀들에게 아이폰과 아이패드 같은 IT 기기를 전혀 주지 않았다고 합니다. 빌 게이츠 자녀들도 열다섯 살이 되어서야 비로소 스마트폰과 컴퓨터를 사용했고요. 그 이유는 아이들의 공감 능력과 창조적 상상력을 길러주기 위함이라고 합니다.

많은 실리콘밸리 사람들이 생각하는 방식은 IT 기기를 차단하는 능력을 갖지 못한 사람들은 결국 IT 기기에 중독된다는 것입니다. 그래서 어려서부터 주지 않고 빠르면 중1, 늦어도 고1 무렵에 허락하고 소비자가 아닌 창조자의 입장에서 IT 기기를 대하게 했습니다.

3. 우리 아이 생산자의 삶으로 유도하기

우리는 실리콘밸리에 살고 있지도 않고, 이미 아이에게 스마트폰은 노출되어 있습니다. 어떤 이유로든 줄 때는 언제고 이제 와서 뺏을 수도 없는 노릇입니다. 저의 경우에도 최대한 늦게 스마트폰을 주고 싶었지만, 연락이 안 된다는 것과 다른 아이들은 다 가지고 있다는 이유로 초등학교 4학년 입학하던 해 1월에 스마트폰을 사주었습니다.

무려 10시간 동안이나 스마트폰을 봤다는 걸 알았던 날, 어떻게 하면 좋을까 고민을 하다가 스마트폰 소비자의 삶에서 생산자의 삶으로 한번 살아보도록 유도를 해보는 것도 좋을 것 같아 아이를 앞에 앉혀놓고 이야기를 나누었습니다.

"고은아, 우리 유튜브를 만들어 보면 어떨까?"

다행히 아이는 좋다고 했고 그렇게 유튜브 소비자에서 생산자의 삶을 살아 봅니다. 그러나 편집이라는 한계에 부딪혔습니다. 아이는 30분만에 촬영을 끝냈지만 제가 해 주기로 한 편집이 5시간이나 걸렸습니다. 게다가 유튜브의 구독자 수는 그렇게 쉽게 느는 것도 아니어서 점점 흥미를 잃게 됩니다. 그러던 어느 날 네이버 블로그를 통해서 이모티콘 만들기를 접하게 됩니다. 이건 만들면 판매도 된다고 합니다. 아이는 평소에도 그림 그리기를 참 좋아했습니다. 고민한 끝에 이모티콘 만들기로 생산자의 삶을 살아보는 것도 좋겠다고 생각해서 다시 제안해 봅니다.

"고은아, 이모티콘 한번 그려볼래?"

우리 아이의 이름은 최고은이고, 어려서 아빠가 꼬니꼬니... 불렀던 것이 닉네임이 되었습니다. 사촌 언니들도 꼬니라고 부르다가 '최꼬!'라고 부르게 되어 또 다른 닉네임이 탄생되었습니다. 최꼬!에서 힌트를 얻어 닭 캐릭터로 만들면 어떨까 생각이 되었습니다.

"닭으로 이모티콘을 한번 그려보자."

학교도 안 가고 할머니 집에서 놀던 아이는 이것도 금방 쓱싹쓱싹 그려서 카톡으로 저에게 보내주었습니다. 아이는 너무나도 쉽게 '넵'이라는 별명을 가진 닭 이모티콘을 하나 그려서 준 것입니다. 그 이후 좀 더 실력을 가다듬어 '긍정최꼬' 라는 이모티콘이 탄생되었습니다. 첫 이모티콘은 엄마인 제가 "해볼래? 그려볼래?"라고 제안을 하긴 했습니다. 그러나 두 번째 이모티콘부터는 아이가 스스로 컨셉도 잡고 구상도 하고 그렸습니다.

이렇게 아이는 이모티콘 작가가 되었습니다. 네이버 블로그와 카페에서 사용할 수 있는 이모티콘을 만들어서 팝니다. 수익도 생깁니다. 그 돈은 고스란히 아이의 통장으로 들어가지요. 이제 아이는 소비자에서 생산자의 삶을 살아갑니다. 두 번째 작품, 세 번째 작품도 완성하여 등록했습니다.

긍정최꼬	프로식탐러 꼬꼬빵	똥꼬발랄 무지

▲ 아이의 이모티콘 작품 3개

어느 휴일 날 아이가 하루 종일 스마트폰을 만지고 있었습니다.

"너 뭐해?"
"응, 나 무지 그리는데?"
"아... 네... 작가님..."
"엄마 또 논다고 뭐라고 할라 그랬지?"
"아니 뭐~~"

아이와 함께 웃었습니다. 생산자의 삶을 사는 아이는 이제 당당하게 스마트폰을 하고 있고, 엄마도 예전처럼 나쁜 눈으로만 바라보지는 않습니다. 아이가 저에게 자본주의 엄마라고 말은 하지만 서로 더 많이 대화하고 더 많이 웃고 있습니다.

아이들에게 강요하지 마세요

"너도 이모티콘 작가를 해라."

"한번 만들어 놓으면 그 이후에는 팔리기만 하면 그냥 돈이 들어오는 거야. 그러니까 너도 작가를 해."

"다른 애들은 벌써 6개 다 그렸어. 빨리 그림 그려!"

제가 이모티콘 만들기 강의를 할 때면 곧잘 강조하는 말들이 있습니다. 혹여나 아이들과 함께 프로젝트를 하면서 이렇게 말씀하는 분이 계실까봐 신신당부를 합니다.

"아이들에게 절대 강요하지 마세요."

"다른 친구들과 비교하지 마세요."

"그림 그리기를 즐거워하던 아이들이 흥미를 잃게 됩니다."

팀원 중 한 분이 말씀하셨습니다. "안 그래도 아이에게만 시켜놨더니 이모티콘 그리기가 또 하나의 학원이 된 것 같아요."

절대 이렇게 하시면 안 됩니다. 부모님들은 아이를 작가님이라고 불러주시고, 아이가 생산자의 삶을 사는 것에 대한 칭찬과 격려만 해주세요. 그러면 아이들은 재미있게 작업을 하고 끝까지 해내는 경험을 하게 될 것입니다.

김범준 작가의 〈내 아이를 바꾸는 아빠의 말〉에서 보면 아빠보다 레고를 좋아하는 아들이 비싼 레고를 사달라고 합니다. 아빠는 고민을 하다가 타협하기로 마음을 먹고 아들과 대화를 나눕니다.

[레고를 좋아하는 아이 vs 레고를 만드는 아이]

아빠 "나중에 커서 뭐가 되고 싶어?"

아이 "과학자요!"

아빠 "어떤 과학자가 되고 싶니?"

아이 "비행기를 만들고, 로봇도 만드는 과학자요."

아빠 "그래? 레고 만드는 과학자는 어때?"

아이 "레고? 그건 만들기 어려울 것 같아요."

아빠 "어른이 되면 쉽지 않을까?"

아이 "정말요?"

아빠 "그럼! 넌 지금 어떤 레고를 갖고 싶니?"

아이 "음, 고무로 만든 레고요!"

아빠 "멋진데! 그래. 바로 그거야! 그런 거 만들면 되지."

아이 "그럼 내가 레고를 만드는 사람이 되는 거네요?"

아빠 "레고만 만들고 싶어? 레고보다 더 재미있는 것도 있을 수 있잖아."

아이 "하지만 레고보다 재미있는 것을 못 봤어요."

아빠 "네가 친구들을 위해 레고보다 더 재미있는 장난감을 만들면 어떨까?"

이렇게 아이와 레고에 관해 이야기를 나누면서 아이가 스스로 자신의 미래를 생각하게 하는 겁니다. 저는 아이가 레고를 갖고 노는 것에서 그치는 게 아니라, 레고를 만드는 사람이 되기를 바랍니다. 이미 세상에 존재하고 있는 것을 소비하는 사람이 아니라, 세상에 없는 것을 만들어서 사람들을 즐겁게 해주는 사람이 되기를 원합니다.

우리 아이들이 스마트폰으로 유튜브나 웹툰을 보면서 소비만 하는 사람이 아니라, 스마트폰으로 자신만의 이모티콘을 만드는 사람이 되기를 바랍니다.

4. 네이버 OGQ 마켓을 선택한 이유

이모티콘이란 감정 'Emotion'과 기호 'Icon'의 합성어로, SNS에서 감정이나 느낌, 기분이나 생각을 캐릭터 등으로 전달할 때 사용합니다. 국내 이모티콘 시장은 1,000억 원 규모이며, 매년 20~30% 증가하고 있습니다. 카카오톡의 경우 월 평균 발송 건수는 20억 건으로 하루 1,000만 명의 카카오톡 이용자가 텍스트를 대신해 이모티콘으로 대화를 주고받고 있다고 합니다. 카카오톡이 조사한 결과에 따르면 국민의 절반에 해당하는 2,700만 명이 이모티콘을 사용하고 있다고 합니다. 게다가 누구나 이모티콘을 제안할 수 있으므로 그림 실력만 있으면 디자인 전공이 아니어도 이모티콘 작가가 될 수 있습니다.

현재 이모티콘을 운영하는 곳은 카카오톡, 네이버 밴드, 네이버 OGQ 마켓, 모히톡, 라인크리에이터스 마켓 등이 있습니다. 그중에서 저는 우리 아이들이 쉽게 이모티콘 작가가 되도록 하기 위해 접근성이 용이한 네이버 OGQ 마켓을 선택했습니다. 네이버 블로그나 네이버 카페에서 사용되는 네이버 OGQ 마켓의 스티커의 장점은 다음과 같습니다.

❶ 비교적 승인이 쉽다.

❷ 블로거들에 의해 많이 사용되어진다.

❸ 제안 후 승인 기간이 짧다.

❹ 바로 판매수익을 낼 수 있다.

참고로 각 업체의 특징을 살펴보면 아래와 같습니다.

이모티콘 운영업체	인기도	진입 난이도
카카오톡	매우 높음	매우 높음
네이버 밴드	높음	높음
네이버 OGQ 마켓	보통	쉬움
모히톡	보통	쉬움
라인 크리에이터스	낮음	쉬움

당연히 가장 인기가 높고 사용자 수도 많은 카카오톡이 제일 좋기는 하지만 그만큼 경쟁이 치열합니다. 이모티콘을 제출한다고 무조건 되는 것이 아닌 엄격한 심사를 거쳐야만 승인이 나기 때문에 미승인이 되어 포기하는 경우가 비일비재합니다.

따라서 내 아이를 작가로 만들어 자긍심을 갖게 하고, 또 단순한 소비자가 아닌 생산자의 느낌을 얻을 수 있도록 저는 네이버 OGQ 마켓을 선택하였습니다.

일단, 승인이 쉬운 네이버 OGQ 마켓부터 시작을 하고, 카카오 이모티콘 스튜디오를 포함한 나머지 업체에도 제안을 하면 됩니다. 네이버 OGQ 마켓에 승인받아 판매되는 이모티콘을 보며 성취감을 느낀 어린이 이모티콘 작가들이 더욱더 실력을 갈고닦아 카카오톡이라는 큰 시장도 내다 볼 수 있으며, 아이의 경제공부는 저절로 되는 셈입니다.

물론, 이모티콘 만드는 과정이 그리 간단하지는 않습니다. 아이들이 만드는 이모티콘 만들기는 쉽게 접근이 가능하고 흥미와 재미를 느낄 수는 있지만, 24개의 이모티콘을 완성해야 하므로 아이의 꾸준함을 필요로 합니다. 그렇지만 이렇게 스스로 만든 이모티콘을 출시한 아이는 이모티콘 작가라는 타이틀을 가지면서 자존감도 높아집니다. 또한, 이모티콘 만들기는 맨 처음에만 엄마가 도움을 주면서 만들어 보면, 두 번째 세 번째 이모티콘 만들기는 누가 가르쳐 주지 않아도 스스로 할 수 있으므로 아이들의 자립심도 키워줍니다.

그러면 다음 장부터는 '이비스 페인트'란 앱을 이용하여 이모티콘을 만드는 방법을 본격적으로 살펴보기로 합니다.

STEP

02

이비스 페인트
기능 알아보기

02 : 이비스 페인트 기능 알아보기

이비스 페인트는 휴대폰이나 태블릿PC를 이용하여 그림을 그릴 수 있는 앱으로 현재까지 2억명 가까이 다운 받아 사용하는 인기 있는 프로그램입니다. 준비물은 휴대폰과 손가락뿐! 아무것도 필요 없이 이것만으로 다양한 그림을 그리고 수정하여 SNS에 사용할 수 있습니다.

1. 프로그램 설치하고 실행하기

❶ 스마트폰 스토어에서 '이비스 페인트 X' 프로그램을 다운 받습니다.

여기서 잠깐!

스토어에서 '이비스 페인트'를 검색하면 2개의 프로그램이 나타납니다. '이비스 페인트'는 유료 프로그램이고, '이비스 페인트 X'는 무료 프로그램입니다. 초보자는 무료 프로그램으로 충분하니 '이비스 페인트 X'를 다운 받으시면 됩니다.

❷ 설치가 완료되면 선택하여 이비스 페인트를 열어보세요.

❸ 새 캔버스 생성하기 : [나의 갤러리]를 선택하면 첫 화면에 갤러리가 나옵니다. 좌측 하단의 + 버튼을 눌러 새 캔버스를 생성해주세요.

❹ 그림을 그릴 캔버스 사이즈를 지정합니다. 원하는 사이즈를 선택하거나 직접 입력할 수도 있습니다. 예를 들어 네이버 OGQ 마켓에 제출할 사이즈는 740×640이므로 선택하여 사이즈를 지정한 다음 'OK'를 누릅니다.

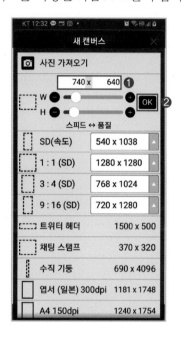

❺ 그러면 새 캔버스가 만들어집니다. 처음 이비스 페인팅을 실행시키면 '브러시 툴을 사용하면, 손가락 한 번의 터치로 선을 그릴 수 있습니다.'처럼 처음 사용자를 위한 사용법 팁들이 나타납니다. 이런 문구가 나올 때마다 '확인했어요' 버튼이나 OK를 눌러주세요.

2. 툴 사용 방법

기본 화면에 나타나는 도구들은 크게 상단 버튼과 하단 버튼으로 나누어져 구성되어 있습니다.

❶ [브러시/지우개 선택] 도구

❷ [기본 메뉴] 도구

❸ [속성] 도구

❹ [색상] 도구

❺ [전제화면보기] 도구

❻ [레이어] 도구

❼ [복귀] 도구

❽ [선택영역] 도구

❾ [손떨림 방지/그리기] 도구

❿ [자] 도구

⓫ [패턴] 도구

⓬ [실행취소] 도구

⓭ [재실행] 도구

여기서 잠깐!

　　이 중에서 이모티콘을 그릴 때 많이 사용하는 도구부터 먼저 설명하고, 이모티콘 그리기에서는 별로 사용하지 않지만 나중에 그림이나 만화 등을 그릴 때 사용하는 다른 도구들에 대한 설명은 74쪽부터 설명하였으니 참고하시면 됩니다. 따라서 먼저 73쪽까지 공부한 후 바로 3단원으로 넘어가서 실습하셔도 되며, 74부터 103쪽까지는 시간되실 때 찬찬히 살펴봐도 됩니다.

[브러시/지우개 선택] 도구

❶번에 해당하는 도구로, 그림 작업은 대부분 [브러시]를 이용해 그림을 그리다가 잘못 그렸을 경우 [지우개]를 이용해 지운 다음, 다시 그리는 과정으로 이루어집니다. 그래서 작업 시 가장 많이 사용하는 도구인 [브러시]와 [지우개] 도구가 손가락으로 누를 때마다 번갈아 지정됩니다.

[기본 메뉴] 도구

선택하면 그림을 그릴 때 사용할 수 있는 도구상자가 나타납니다. 자주 사용하는 도구들도 있고 아닌 것도 있으며, 선택 시 해당 기능이 나타납니다.

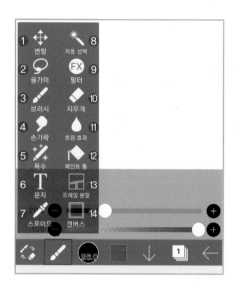

> **여기서 잠깐!**
>
> [기본 메뉴] 도구에서도 이모티콘을 그릴 때에는 몇 개만 주로 사용하고 있습니다. 따라서 많이 사용하는 도구부터 먼저 설명하고, 기타 도구들은 74쪽부터 설명을 하였으니 차차 살펴보시면 됩니다.

[브러시] 도구

[기본 메뉴] 도구 중 가장 많이 사용하는 것이 [브러시]로 그림을 그릴 때 사용하는 도구입니다. 선택하면 다양한 브러시 종류들이 나타나서 원하는 브러시를 선택 후 그림을 그릴 수 있습니다. 살펴보다 보면 특정 브러시에 'AD'라고 표시되어 있을 때가 있는데 그 브러시는 유료 브러시로, 선택해서 광고를 보면 사용할 수 있습니다.

일반 선을 사용할 때는 펠트펜을 많이 사용합니다. 다양한 질감을 위해서는 다양한 펜들을 그어보시고 마음에 드는 것으로 사용하면 됩니다.

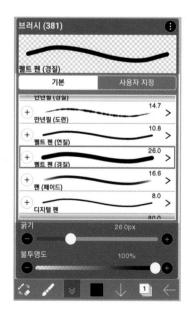

선택한 브러시에 대해 [굵기]를 조절하여 굵은 글씨나 얇은 글씨로 변경할 수 있습니다. 마찬가지로 [불투명도]를 조절하여 글씨의 투명도를 변경할 수 있습니다. 방법은 손가락으로 동그라미 부분을 좌우로 밀어주면 됩니다.

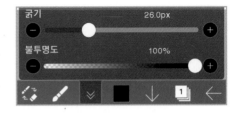

[속성] 도구

현재 선택된 도구의 속성을 지정하는 곳입니다. 예를 들어 아래 그림처럼 현재 [브러시]가 선택되어 있는 경우 선택하면 [브러시]에 대한 각종 속성을 설정할 수 있습니다.

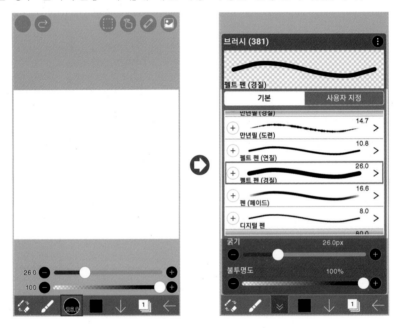

필압이 있는 브러시

필압이란 펜에 힘을 주고 그리면 굵게, 힘을 약하게 주고 그리면 가늘게 그려지는 것을 말합니다. 브러시 중에는 필압이 있는 것도 있고 없는 것도 있습니다. 이모티콘을 그릴 때는 테두리 선이 일정해야 하므로 필압이 없는 브러시를 많이 사용하지만, 캘리그라피 글씨를 쓰거나 만화를 그릴 때에는 필압이 있는 브러시를 많이 사용합니다. 필압이 있는 브러시에는 만년필, 러브펜, 잉크펜 등이 있습니다.

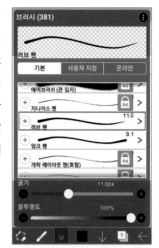

❶ 실습을 위해 만년필의 필압 기능을 사용해보기로 합니다. [브러시]에서 [만년필]을 선택합니다.

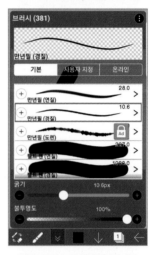

❷ 펜에 힘을 주고 그리면 굵게, 힘을 약하게 주고 그리면 가늘게 그려집니다.

❸ 오른쪽에 '이모티콘' 이라고 글씨를 한번 써 보았습니다. 눌러지는 강도에 따라 선을 표현할 수 있습니다.

❹ 이와 같이 캘리그라피를 쓸 때나 만화를 그릴 때 필압이 있는 브러시를 많이 사용합니다.

[색상] 도구

선택 시 색상을 설정할 수 있는 화면이 나타납니다.

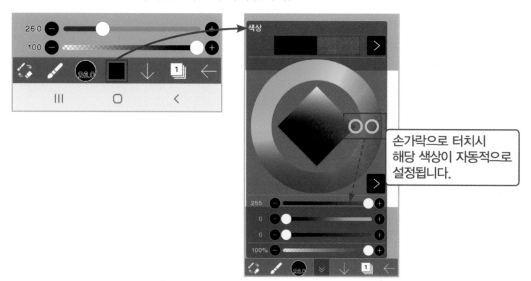

손가락으로 터치시
해당 색상이 자동적으로
설정됩니다.

원하는 색상을 손가락으로 터치하면 자동으로 해당 색상이 지정됩니다. 색상 값을 미리 알고 있거나 직접 지정하고 싶으면 각 색상 값을 손가락으로 밀어 조정해도 됩니다.

단, 이모티콘을 만들 때에는 너무 다양한 색상을 사용하기보다는 3~5개의 색상을 사용하는 것이 좋습니다.

여기서 잠깐!

현재 지정한 색상을 다른 캔버스에서 사용하려고
하면 숫자들을 기억해 두었다가 같은 숫자로 조
정해서 색을 맞추면 됩니다.

색상코드를 사용해서 색상을 지정하는 방법

❶ 네이버에서 [색상팔레트]를 검색합니다.

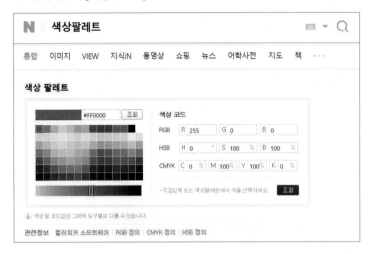

❷ 원하는 색을 클릭합니다.

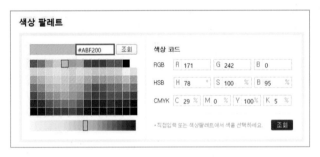

❸ 위 숫자를 이비스 페인트 [색상] 도구의 HTML 색상코드에
넣어줍니다.

박스를 클릭하면
색상코드를 넣을 수 있는
화면이 나옵니다.

❹ 그러면 원하던 색인 'abf200'으로 변경이 되었습니다.

다른 캔버스에서 이전에 사용했던 색을 다시 사용하고 싶다면, 다음의 두 가지 방법으로 이용할 수 있습니다.

첫 번째 : 색상의 아래쪽(RGB) 숫자들을 기억해 두었다가 같은 숫자로 조정해서 색을 맞춥니다. 예를 들어 다음과 같은 색이라고 한다면, 202, 228, 155를 적어두고 다른 캔버스를 열어서 이 숫자를 넣어 사용합니다.

두 번째 : 색상표에 색상을 추가하는 방법입니다. [색상도구]에서 화살표를 누르면 색상표가 나타납니다.

 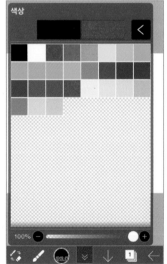

❶ 사용하려는 색깔을 눌러주면 해당 색상
으로 변경됩니다.

❷ 그대로 드래그하여 아래 색상표에 넣습
니다.

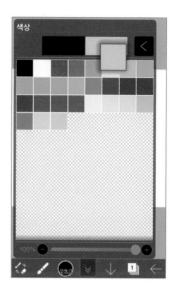

❸ 그러면 색상이 추가되었습니다. 이후부터는 다른 캔버스
에서도 색상표만 열면 바로바로 사용이 가능합니다.

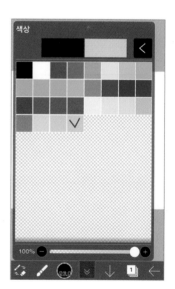

[지우개] 도구

도구상자에서 [지우개]를 선택하면 그리던 그림을 지울 수 있습니다.

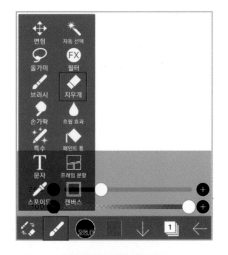

아래 부분을 드래그하여 지우개의 굵기 조절이 가능합니다. 캔버스 전체를 지우고 싶을 때는 지우개 굵기를 크게 하여 한 번에 지우면 편리합니다.

여기서 잠깐!

잘못 지웠을 경우 [실행취소] 도구를 선택하면 되돌리기가 되어 바로 전 상태로 돌아갑니다.

[올가미] 도구

올가미 기능은 올가미를 씌워서 그림을 이동할 때 편리합니다.

[올가미]를 선택 후 이동할 그림을 드래그하여 선택해 주세요. 그런 다음 아래 [변형] 버튼을 선택하고 원하는 장소로 드래그하여 이동시켜 주세요. 완료되었으면 우측 하단 [체크] 버튼을 누릅니다.

작업이 완료되면 오른쪽 아래 [선택 삭제] 버튼을 눌러 올가미를 해제시킵니다.

[문자] 도구

그림에 글자를 넣을 때 사용합니다.

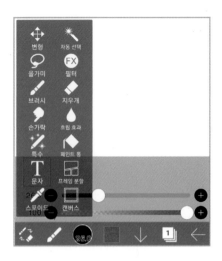

(1) 글자 입력하기 : [문자] 도구를 선택한 후 글자를 입력하고 싶은 곳을 터치하면 '텍스트 추가'라는 창이 만들어집니다.

선택하면 글자를 입력할 수 있는 창이 나타납니다. 입력할 글자를 넣어주세요.

입력이 완료되면 글자를 움직여서 원하는 위치에 배치하면 됩니다.

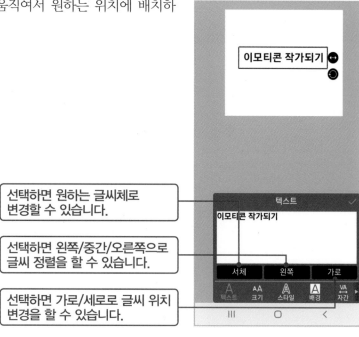

선택하면 원하는 글씨체로 변경할 수 있습니다.

선택하면 왼쪽/중간/오른쪽으로 글씨 정렬을 할 수 있습니다.

선택하면 가로/세로로 글씨 위치 변경을 할 수 있습니다.

(2) 크기 : [크기]를 선택하여 글자의 크기를 조절할 수 있습니다.

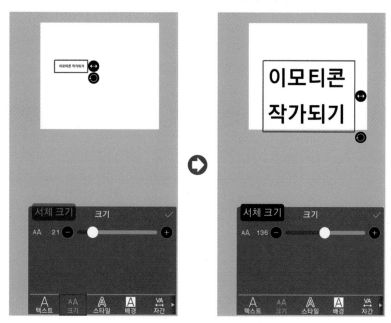

(3) 스타일 : [스타일]을 선택하면 텍스트의 색과 테두리의 색을 변경할 수 있습니다.

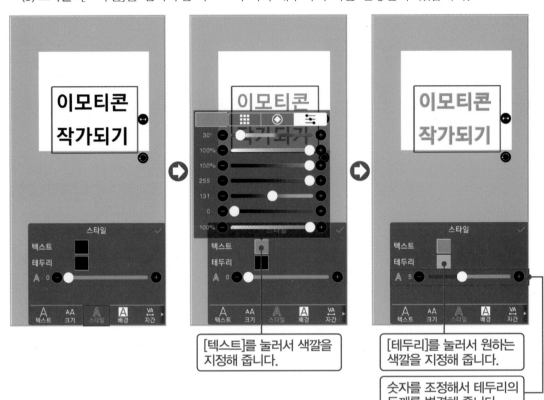

[텍스트]를 눌러서 색깔을
지정해 줍니다.

[테두리]를 눌러서 원하는
색깔을 지정해 줍니다.

숫자를 조정해서 테두리의
두께를 변경해 줍니다.

독자 Q&A　　Q. 텍스트의 두께를 굵게 하고 싶을 때는 어떻게 하나요?

A. 이비스 페인트에서 Bold 기능은 별
도로 없습니다. 그러나 [스타일]에서 테
두리를 같은 색상으로 설정한 후 굵기를
조절할 수 있습니다.
(문자-텍스트 추가-스타일-텍스트와
테두리 색 설정-테두리 굵기 조절)

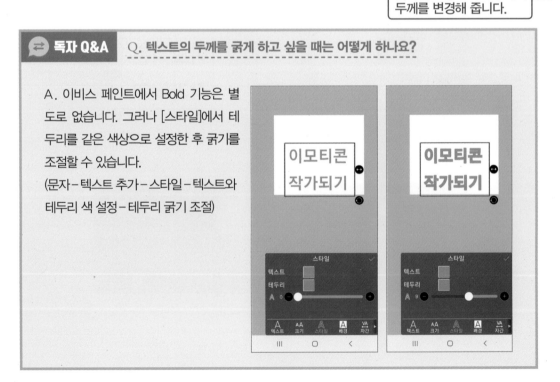

(4) 배경 : [배경]을 눌러서 텍스트 상자 안의 배경 색을 지정해 줄 수 있습니다.

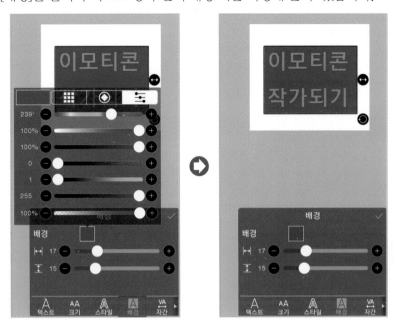

(5) 자간 : [자간]을 선택하여 수평/수직 자간을 조정할 수 있습니다.

[수평 자간 17% 넓게 조정]　　　**[수직 자간 -30% 좁게 조정]**

이비스 페인트에 폰트를 추가하는 방법

❶ [문자]를 선택하여 나타난 [텍스트 추가]를 선택합니다.

❷ [서체]를 선택합니다.

❸ 오른쪽 위에 (+) 를 선택합니다.

❹ 바로 인터넷으로 연결이 됩니다. 원하는 폰트를 검색해서 다운받으면 됩니다. 단, 상업적으로 쓸 수 없는 폰트들이 있기에 잘 읽어본 후 사용해야 합니다.

❺ 아래 사이트는 상업적으로 이용 가능한 폰트를 제공하는 곳이므로 유용하게 사용할 수 있습니다.
- 네이버소프트웨어 : https://software.naver.com/
- 눈누 : https://noonnu.cc/

• **네이버 소프트웨어에서 설치하는 방법**

❶ '네이버 소프트웨어'라고 검색하면 네이버 소프트웨어의 홈페이지가 나옵니다. 선택하여 들어갑니다.

❷ 네이버 Software 홈페이지가 나타나면 [카테고리]를 선택합니다.

❸ [카테고리] 맨 아래쪽의 [폰트]를 선택합니다.

❹ 다양한 폰트들이 나옵니다. 화면을 왼쪽으로 밀어 주세요.

❺ 가장 앞쪽에 있는 '나눔스퀘어'를 다운받아 보겠습니다. '나눔스퀘어'를 눌러주세요.

❻ 오른쪽 위에 [다운로드]
를 눌러줍니다.

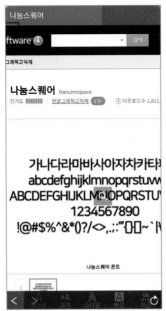

❼ 다운로드가 완료되면 [×] 표시를 선택하여
창을 닫습니다.

❽ 서체로 돌아오면 나눔스퀘어 폰트가 설치
된 것을 볼 수 있습니다.

• **눈누 사이트에서 설치하는 방법**

❶ 상업용 무료폰트가 가장 많은 사이트인 눈누에서 다운받아 보겠습니다. '눈누폰트'라고 검색하면 눈누의 홈페이지가 나옵니다. 선택하여 들어갑니다.

❷ 그중에 원하는 폰트를 골라주세요. 첫 번째 페이지에 있는 '카페24'를 골라보았습니다.

❸ [다운로드]를 선택하면 다운로드 받을 수 있는 해당 사이트로 연결이 됩니다.

❹ 원하는 폰트를 골라서 다운 받습니다. 여기서는 2가지를 다운 받아 보았습니다.

❺ 새로 다운 받은 폰트가 추가되었습니다.

❻ '카페24 빛나는별 견본'으로 글씨를 써 보았습니다.

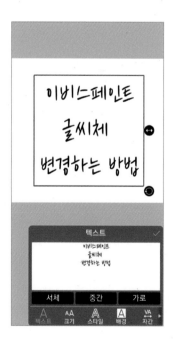

[스포이드] 도구

스포이드 기능은 색을 추출
할 때 사용합니다. 왼쪽의 꽃을
치마와 동일한 색으로 하기 위
해서 [스포이드]를 누르고 치마
를 터치해 줍니다. 그러면 [색
상]이 치마와 같은 색깔로 변경
됩니다.

그때, 붓을 이용하거나 페인트 통을 이용해서 꽃잎의 색을
변경해 줍니다. 왼쪽 꽃이 치마와 같은 색이 되었습니다.

 여기서 잠깐!

스포이드 기능은 위와 같이 도구상자에서 [스포이드]를 눌
러 이용하는 방법도 있지만, [브러시] 도구에서 원하는 색을
꾸욱 눌러서 색상을 추출할 수도 있습니다.

[브러시] 도구가 아닐 때는
스포이드 기능이 활성화되지
않습니다.

[페인트 통] 도구

페인트 통은 그림을 그리고 색칠을 할 때 사용합니다. 도구 상자에서 [페인트 통]을 선택한 다음, 색칠할 위치를 터치하면 색이 입혀집니다.

[복사/붙여넣기] 도구

원하는 그림을 복사하려면 상단 [선택영역] 도구를 선택하여 나타난 창에서 [복사]를 선택합니다. 그러면 '클립보드에 복사됨'이라는 메시지가 나타나면서 캔버스에 있는 그림이 클립보드 공간에 임시로 저장됩니다. 다시 [선택영역] 도구를 선택하여 [붙여넣기]를 선택합니다.

'손가락을 드래그해 움직입니다'라는 메시지가 나오면 그림을 손가락으로 드래그하여 복사를 합니다.

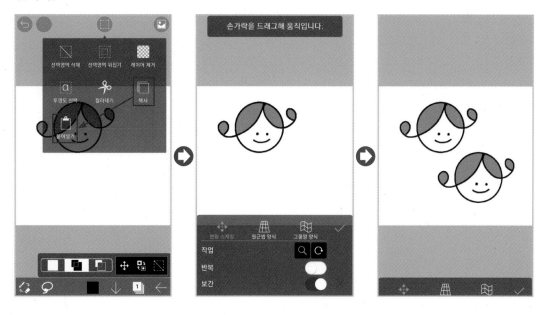

복사가 된 상태에서 두 손가락을 이용해서 크기를 작게/크게 조절할 수 있습니다.

[손떨림 방지/그리기] 도구

펜이 달려있는 휴대폰이나 태블릿 PC인 경우 펜으로 그리면 되지만, 대부분의 휴대폰에서 손으로 그림을 그리는 경우 손떨림에 의해 선을 매끄럽게 그리는 것이 어려울 수 있습니다. 이때 손떨림 방지 기능을 이용하면 좋습니다.

상단에 [손떨림 방지] 도구를 선택하여 나타난 창에서 [손떨림 방지]를 드래그하여 강도를 설정합니다. 손떨림 방지 기능은 0에서 10까지 조정 가능하며, 높게 설정할수록 좀더 매끄럽게 그릴 수 있습니다.

[그리기] 도구는 직선이나 사각형, 원 등을 그릴 때 유용하게 사용합니다.

(1) 선 : [선]을 선택하여 매끄러운 선을 그을 수 있습니다.

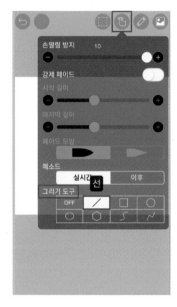  

(2) **직사각형** : 직사각형을 그릴 때 사용합니다.

[채우기] 기능을 이용하면 사각형 테두리만 표현할 수 있습니다.

 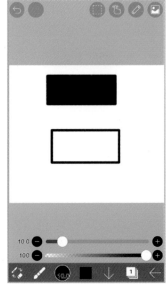

(3) 원형 : 동그란 원을 그릴 때 유용하게 사용합니다.

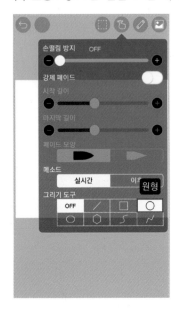 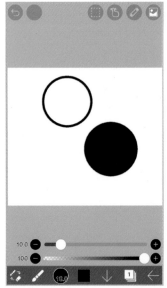

'이클립스' 기능을 선택하면 타원형을 그릴 수 있습니다.

 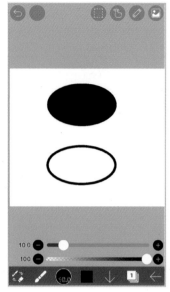

(4) **정다각형** : 정다각형을 선택하여 정다각형을 그릴 수 있습니다.

[모서리]의 숫자를 지정하여 원하는 다각형을 그립니다. 예를 들어 '5'를 지정하면 오각형을
그릴 수 있습니다.

 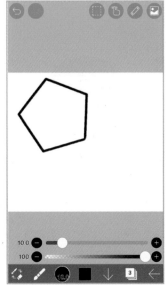

[모서리]를 7로 변경하여 칠각형을 만들면서 채우기를 선택하고, 색을 변경해 보기로 합니다.

 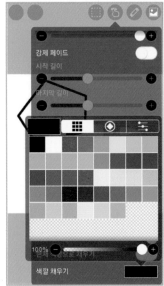

파란색을 선택하여 칠각형 안의 색이 파란색으로 변경되었습니다.

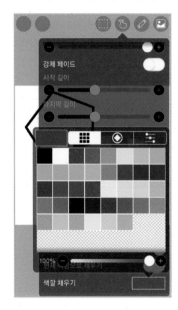 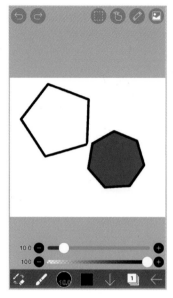

여기서 잠깐!

테두리 선을 변경하려면 [색상] 도구에서 변경하면 됩니다. [색상] 도구를 선택해주세요.

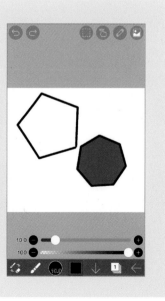

빨간색을 선택해 보겠습니다.

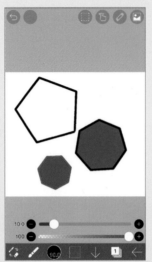

작은 칠각형을 그리니 테두리가 빨간색으로 변경되었습니다. 테두리 없는 도형을 그리려면 테두리와 채우기의 색을 같은 것으로 하면 됩니다.

(5) 베지에곡선 : [베지에곡선]을 이용하면 조금 더 매끄러운 그림을 그릴 수도 있습니다.

곡선을 클릭 후 작게 이동하면서 점을 찍어 주면서 원하는 그림을 그립니다. 삐뚤어진 곳이 있다면 점들을 움직여 수정을 할 수 있습니다.

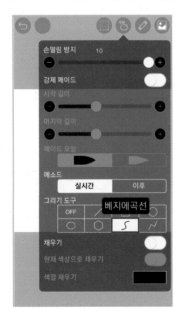

(6) 폴리라인 : 선을 연결하는데 사용합니다.　'폴리라인'을 선택한 후 시작점을 찍어주세요.

　　이어서 원하는 곳을 선택하면 선이
연결됩니다.

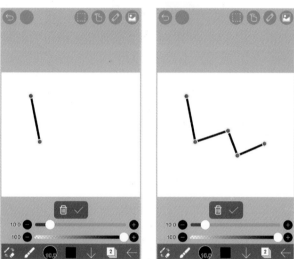

[자(직선 자, 원형 자, 타원형 자, 방사형 자)] 도구

　　[자]를 이용하면 좀 더 편리하게 그림을 그릴 수 있습니다. 자 종류는 직선 자, 원형 자, 타원형 자, 방사형 자가 있습니다.

 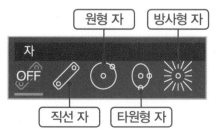

(1) **직선 자** : '직선 자'를 눌러놓고 그림을 그리면 직선 모양 그대로 그릴 수 있습니다. 직선 자를 손으로 움직여 가로 모양, 사선 모양으로 놓고 그림을 그려보세요.

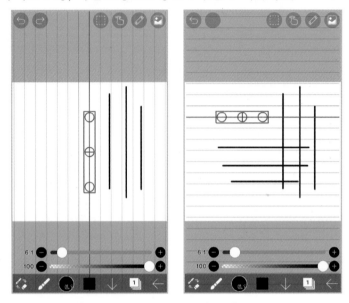

(2) **원형 자** : 나타난 원형 자의 안쪽이나 바깥쪽을 그대로 따라 그릴 수 있습니다. 두 손가락으로 이용해서 이동할 수 있고, 원형 자를 추가해서 다른 쪽에 원형을 그릴 수도 있습니다.

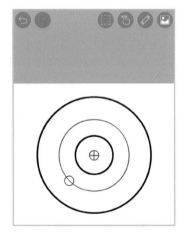

(3) **타원형 자** : 나타난 타원형 자 안쪽과 바깥쪽 원하는 곳에 타원형을 그릴 수 있습니다.

 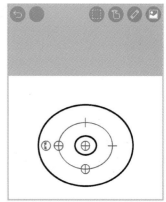

타원형 자를 손가락으로 늘리면서 원하는 타원형을 만들어 사용할 수도 있습니다.

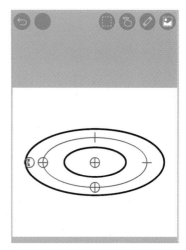

(4) **방사형 자** : 방사형 자는 일반적인 이모티콘을 만들 때는 잘 사용하지 않지만, 일정 간격을 유지하는 그림을 그릴 때 유용합니다. 필요시에 사용해보세요.

[변형] 도구

[변형]은 그림을 이동할 때, 각도를 조금씩 조정할 때 유용하게 사용됩니다.

(1) 변환 스케일 : 선택하면 '손가락을 드래그해 움직입니다'라는 문구가 나옵니다. 손가락을 드래그해서 이동도 가능하고, 두 손가락을 이용해서 그림을 크게 또는 작게 할 수 있어요.

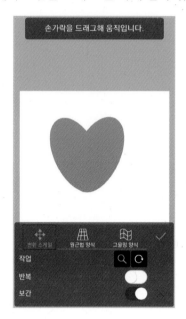

왼쪽은 그림을 오른쪽 위로 이동한 것이고, 오른쪽은 왼쪽 아래로 이동시킨 후 크기를 작게 한 것입니다.

(2) 원근법 양식 : [원근법 양식]을 선택하고, 두 손가락을 이용해서 그림을 기울여줄 수 있습니다.

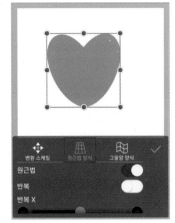 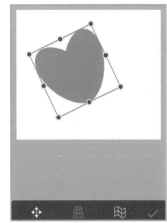

[원근법 양식]에서도 두 손가락을 이용해서 그림을 크게 또는 작게 변형 가능합니다.

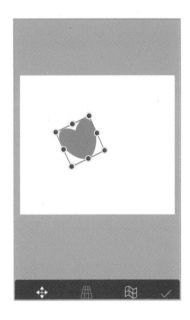

점을 선택하여 그림을 한 방향으로 늘리거나 줄이는 것이 가능합니다. 왼쪽 사진은 가로로 늘린 것이고, 오른쪽 사진은 위/아래 방향으로 늘린 것입니다.

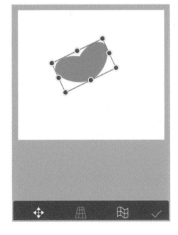 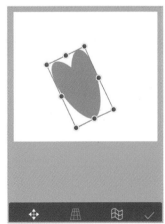

(3) **그물망 양식** : [그물망 양식]은 그림의 한 부분을 약간 수정 또는 조정하고 싶을 때 유용하게 사용됩니다. 왼쪽 그림에서 하트의 오른쪽만 크게 그리고 싶을 때 맨 오른쪽 점 4개를 움직여서 그림의 한쪽만 키워줬습니다.

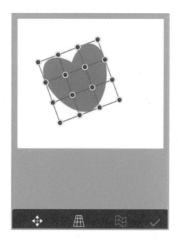 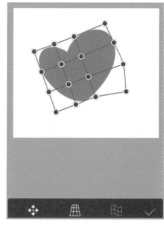

[복귀] 도구

❶ [복귀] 도구는 '설정, 저장하기, 나의 갤러리로 돌아가기'의 3가지 형태 메뉴가 있습니다.

❷ [설정]을 누르면 다양한 기능들을 설정할 수 있는 화면이 나타납니다. 'ON', 'OFF'를 선택해서 원하는 대로 기능을 설정하고 해제할 수 있습니다.

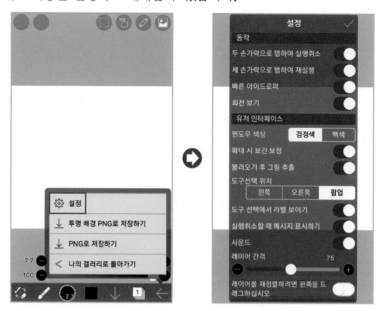

'투명 배경 PNG로 저장하기'와 'PNG로 저장하기'의 차이는 181쪽에서 설명합니다.
'나의 갤러리로 돌아가기'를 누르면 갤러리 메인 화면으로 돌아갑니다.

[레이어] 도구

그림을 잘 그리려면 [레이어]의 개념을 잘 이해하는 것이 중요합니다. 레이어는 투명색 도화지라고 생각하면 됩니다. 일상생활에서 우리는 한 장의 도화지를 사용해서 그림을 그리게 됩니다. 그러다가 수정이 필요하다면? 별 수 없이 처음부터 다시 그려야 할 겁니다. 그렇지만 디지털로 그림을 그릴 때는 그리다가 잘못되면 수정을 쉽게 할 수 있습니다. 이럴 때 수정을 좀 더 쉽게 하기 위해 레이어라는 개념을 이용합니다. 방법은 그림을 몇 개의 요소로 나눈 다음, 각 요소별로 투명 도화지에 담습니다. 그런 다음 수정할 필요가 있는 경우 전체를 수정할 필요 없이 해당 요소가 있는 도화지만 선택하여 수정을 합니다.

실습을 해 보면서 레이어의 개념을 알기 쉽게 정리해 보겠습니다.

❶ [레이어] 도구를 눌러주세요.　　　❷ 그러면 아래와 같이 레이어가 표시됩니다.

 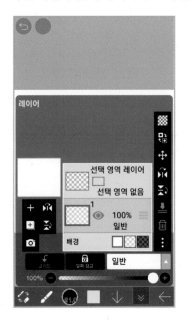

❸ 왼쪽에 + 버튼을 누를 때마다 레이어가 추가됩니다. 그림에서는 + 버튼을 두 번 눌러서 레이어 2개를 추가한 모습입니다.

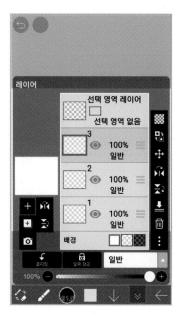

❹ 각 레이어를 선택하여 그림을 그려봅니다. 1번 레이어에 노란 동그라미, 2번 레이어에 초록 네모, 3번 레이어에 파란 세모를 그렸는데, 레이어의 개념을 이해하기 쉽도록 조금씩 겹쳐서 그림을 그렸습니다. 이렇게 하면 3장의 투명한 도화지에 그림이 그려진 상태로서 순서대로 1번 레이어가 맨 밑, 2번 레이어가 중간, 3번 레이어가 맨 위에 위치하게 됩니다.

❺ 3개 그림을 합친 전체 화면으로 가서 보면 1번 레이어의 노란 동그라미가 맨 뒤에 위치하고, 그 위에 2번 레이어의 초록 네모가 겹쳐지고, 3번 레이어의 파란 세모가 맨 앞쪽에 겹쳐진 상태로 나타납니다(겹쳐진 부분은 그 앞에 겹쳐진 색에 가려 보이지 않고 있습니다).

❻ ❹번 그림에서 파란 삼각형이 있는 3번 레이어의 오른쪽 ▤ 부분을 드래그하여 맨 아래로 이동해 줍니다.

❼ 파란 삼각형이 3번 레이어에서 1번 레이어로 바뀌면서 그림의 순서도 바뀌게 됩니다.

❽ 전체 화면으로 보면 레이어에서 보다시피 파란색이 맨 뒤, 노란색이 중간, 초록색이 맨 앞으로 표시되어 집니다.

말끔한 색칠을 위한 레이어 사용법

❶ 레이어는 그림을 그리고 색칠할 때에 아주 유용하게 사용됩니다. 1번 레이어에 밑그림을 그린 다음, 왼쪽의 + 버튼을 이용해 레이어 2개를 추가해줍니다.

❷ 1, 2, 3번 레이어가 생겼습니다. 그림 그리기가 아직 익숙하지 않은 분은 아티오 자료실에서 다운받은 소스 파일 중 '여자아이.jpg' 파일을 불러와 실습해도 됩니다. 다운 받은 파일을 불러오는 방법은 110쪽을 참조하면 됩니다.

❸ 2번 레이어를 드래그하여 1번 레이어로 이동해주세요.

❹ 바꾸어진 1번 레이어에서 색칠을 해줍니다.

❺ 레이어의 개념을 이해시켜 드리기 위해 일부러 약간 삐져나오게 색칠을 했습니다. 이렇게 하면 색칠 레이어가 아래에 있고, 테두리 레이어가 위에 있기 때문에 테두리는 지워지지 않게 됩니다.

❻ 그런 다음 밖으로 삐져나오는 것을 [지우개]를 이용하여 지워 주면 테두리가 지워지지 않고, 말끔하게 색칠을 할 수 있습니다.

❼ 레이어로 들어와서 보면 1번 레이어가 파란 네모칸으로 활성화되어 있습니다. 이번에는 3번 레이어를 선택해 주세요.

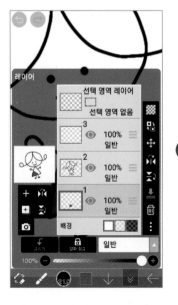
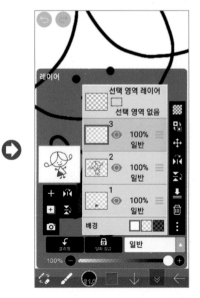

P·O·W·E·R UPGRADE

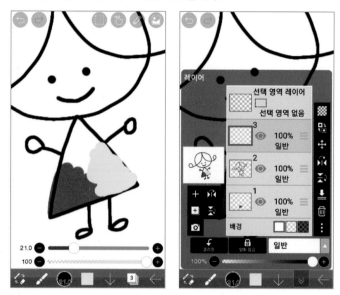

❽ 3번 레이어에 노랑색으로 칠해주었습니다. 테두리 그림이 2번 레이어에 있고 색칠 레이어가 위에 있으므로 그림과 같이 테두리가 지워지게 됩니다.

이렇듯 [레이어] 도구를 이용하여 테두리 레이어를 위에, 색칠 레이어를 아래에 놓으면 말끔한 채색이 가능합니다.

다음부터 설명하는 도구는 이모티콘 만들기에서는 잘 사용하지 않는 기능이지만 다른 그림을 그리거나 할 때 참조할 수 있도록 이비스 페인트의 나머지 도구들에 대한 설명 부분입니다.

[손가락] 도구

[손가락] 도구는 손가락으로 그림을 문지르는 것과 같은 느낌을 나타냅니다. 우측 그림은 사람의 아랫 부분과 꽃 부분을 문지른 모습입니다. 이모티콘 만들기에서는 테두리가 뭉개져 보일 수 있어서 사용하지 않는 기능입니다. 따라 할 분들은 '여자아이.png' 파일을 불러옵니다(소스 자료는 아티오 자료실에서 다운받으시면 됩니다).

[특수] 도구

이 기능을 사용하면 그림을 전체 수정하지 않고, 부분적으로 수정할 수 있어 새로 그리는 번거로움을 줄일 수 있습니다.

❶ 하트를 하나 그려 보았습니다. 여기에서 우측 하단의 선을 조금 수정하기로 합니다.

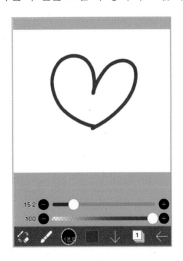

❷ [특수]를 선택해주세요.

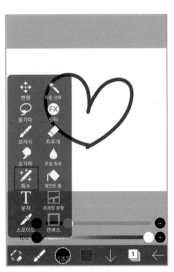

❸ [특수]에는 다양한 펜들이 있지만, 이 작업에서 필요한 [픽셀유동화 펜]을 선택합니다. 실제로 [특수] 도구에서는 이 펜이 주로 사용됩니다.

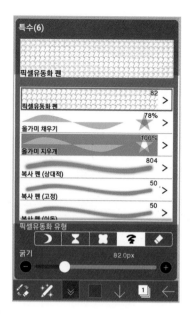

❹ [픽셀유통화 펜]의 유형은 끌기, 수축, 확장, 부드럽게 하기, 되돌리기로 구성되어 있습니다. [끌기]를 선택합니다.

❺ 수정할 곳을 선택하여 끌기를 하여 완성합니다. 이와 같이 선에 대해 약간의 수정이 필요할 경우 [픽셀유동화 펜]을 사용하면 편리합니다.

[자동선택] 도구

실습을 하려면 아티오 자료실에서 다운받은 '여자아이.jpg' 파일을 불러옵니다. 다운 받은 파일을 불러오는 방법은 110쪽을 참조하면 됩니다.

❶ [자동선택] 도구는 마법봉으로 불리기도 합니다. [기본 메뉴]–[자동 선택]을 선택합니다.

❷ [설정]을 누른 다음 왼쪽 머리 부분을 선택합니다.

❸ 그러면 왼쪽 머리에 점선 테두리가 쳐지면서 선택된 상태가 됩니다.

❹ 다시 오른쪽 머리를 선택하면 왼쪽 머리 선택된 부분은 없어지고, 오른쪽만 선택됩니다.

❺ 이 상태에서 머리에 조금 더 진한 색으로 음영을 그려 주었습니다. 선을 밖으로 삐져나가게 그리더라도 선택 영역 안에만 색칠이 되므로 영역 안의 디테일한 작업시 유용하게 사용됩니다.

❻ [추가] 기능을 이용하면 한 영역이 아닌 여러 영역을 같이 선택할 수 있습니다. 그림과 같이 오른쪽 머리가 선택된 상태에서 [추가]를 누릅니다.

❼ 그런 다음 추가로 선택하려는 곳을 차례대로 선택합니다. 아래 그림은 양쪽 머리와 옷까지 선택된 모습입니다.

❽ [빼기]를 누르면 반대로 선택한 부분을 해제할 수 있습니다.

❾ 머리 부분만 해제한 모습입니다.

❿ 옷만 선택된 상태에서 [선택영역 반전]을 눌러보세요.

⓫ 그러면 선택 영역이 바뀌게 됩니다(선택 영역 뒤집기와 같은 기능입니다).

⓬ 치마를 제외한 다른 부분이 선택이 되었고, 레이어에서 살펴보면 다음과 같습니다. 치마를 제외한 다른 부분만 선택되었으므로 치마 부분은 수정이 안 되는 상태입니다.

⓭ [선택 삭제]를 누르면 선택영역을 해제할 수 있습니다.

[필터] 도구

❶ 필터 기능은 글자 그대로 그림에 필터 처리를 하고 싶을 때 사용하는 것으로, 주로 사진을 찍은 후 좀 더 보기 좋게 보정을 할 때 사용합니다. [기본 메뉴] 도구에서 [필터]를 눌러주세요.

❷ 색상조정, 블러, 스타일, 드로우, 인공지능, 픽셀화, 변형하기, 프레임 등의 다양한 필터가 존재합니다.

❸ 필요에 따라 각 필터를 조정하면서 그림을 그릴 수 있습니다.

❹ 색상조정에 색조, 채도, 밝기를 눌러보았어요. 색조는 낮추고 채도와 밝기를 높여보았더니 우측과 같은 그림이 되었습니다. 다양한 필터들을 선택해서 실습해보세요.

면(색)으로 먼저 그림을 그린 다음, 테두리를 그리고 싶을 때도 [필터] 도구를 사용합니다.

❶ 면으로 하트를 하나 그립니다.

❷ [기본 메뉴] 도구에서 [필터]를 눌러주세요.

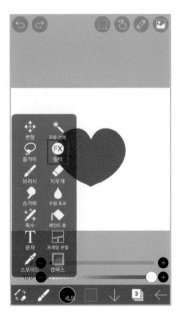

❸ [스타일]에서 '스트로크(양쪽)'을 눌러주세요. 그러면 밖에 테두리가 생깁니다.

❹ '외부 폭'의 숫자를 크게 하면 테두리가 바깥쪽으로 폭이 넓게 되고, '내부 폭'의 숫자를 크게 하면 안쪽으로 폭이 넓게 조정됩니다.

❺ 테두리의 색상도 변경이 가능합니다. 아래 부분에 색상을 클릭 후 색상을 변경면 됩니다. 여기서는 초록색으로 변경해 보았습니다. 이와 같이 색으로 면을 먼저 그리고 테두리 선을 그릴 수 있습니다.

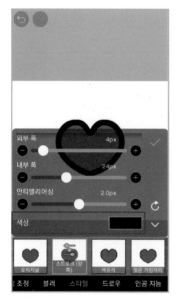 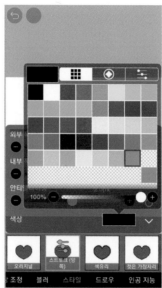 

[흐림 효과] 도구

선택하면 그림을 흐리게 표현할 수 있습니다.

❶ [흐림 효과] 도구를 이용하면 네온 글씨를 만들 수 있습니다. 먼저 네온 글씨 형태로 만들 글자를 입력합니다.

❷ [복사]와 [붙여 넣기]를 합니다.

❸ 레이어로 들어가 보면 같은 글자가 1번 레이어와 2번 레이어에 모두 생겼습니다.

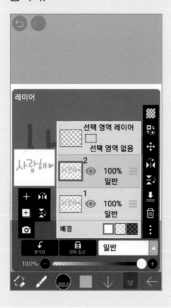

❹ 1번 레이어를 눌러서 활성화가 되도록 해주세요.

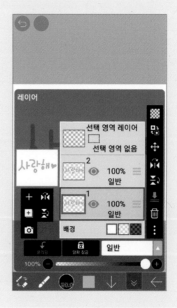

❺ [흐림 효과] 도구를 눌러주세요.

❻ 2번 레이어의 눈 모양을 눌러
서 1번 레이어만 보이도록 변경
해 봅니다. 그러면 흐림 효과가
잘 적용되었습니다.

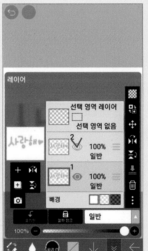

❼ 다시 2번 레이어의 눈 모양을
누르고 캔버스로 돌아오면 네온
글씨가 완성되었습니다.

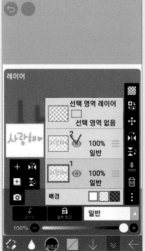

[프레임 분할] 도구

❶ 만화를 그릴 때 많이 사용하는 기능입니다. 프레임 분할을 눌러 열어주세요.

❷ 캔버스를 터치하면 '프레임 추가'라고 나옵니다. '프레임 추가'를 눌러주세요.

❸ 수평 공간, 수직 공간, 프레임 굵기를 정해주세요. 여기에서는 캔버스에 맞도록 조정해주었습니다.

❹ 손가락 하나를 이용해서 왼쪽에서 오른쪽으로 그어주는 모습입니다.

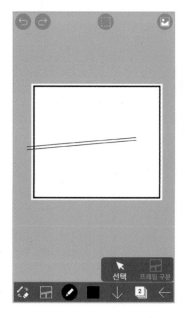

❺ 위아래 세로선도 하나 그어주었더니 프레임이 분할됩니다.

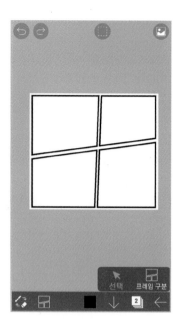

[캔버스] 도구

캔버스의 사이즈를 변경하거나 조정할 때, 왼쪽 오른쪽으로 회전할 때, 또는 가로 세로 반전에 사용합니다.

[전체화면보기] 도구

[전체화면보기] 도구를 선택하면 다른 도구 상자들이 모두 없어지면서 전체 그림 화면을 볼 수 있습니다.

> 누르면 이전 상태로 돌아갑니다.

[선택영역] 도구

특정 영역을 잘라내거나 복사하여 붙이기, 삭제하고 뒤집기 등의 작업을 할 때 사용합니다. 선택시 7개의 메뉴가 나타납니다.

(1) 선택영역 삭제

❶ 1번 레이어에 꽃 그림을 하나 그렸습니다.

❷ [기본 메뉴]에서 [올가미]를 눌러주세요.

❸ 오른쪽 꽃 한송이에 올가미를 씌어줍니다.

❹ 드래그하여 꽃을 하나 떨어뜨려 줍니다.

❺ 색깔도 노란색으로 변경해 줍니다.

❻ 이때 선택된 노란 꽃 부분을 제외한 곳을 터치하면 '선택 부분 외부'라고 표시가 되면서 선택이 되지 않게 됩니다. 따라서 그림도 그릴 수 없습니다.

❼ 현재는 노란 꽃 부분이 선택영역입니다. 이때 [선택영역 삭제]를 눌러 줍니다.

❽ 그러면 선택영역이 삭제가 되어 그 외 부분에도 그림을 그릴 수 있습니다.

(2) 선택영역 뒤집기

❶ [선택영역 뒤집기] 기능은 선택영역을 바꾸는 것입니다. 그림을 보면 현재 노란 꽃이 선택 영역입니다. 레이어로 들어가 보면 선택영역 레이어의 우측 하단에 있는 보라색으로 표기된 부분이 현재 선택되어진 영역입니다. 선택된 영역에서만 그리기와 지우기 등의 기능이 가능하고, 그 외 영역은 그리기, 지우기 등이 안 됩니다.

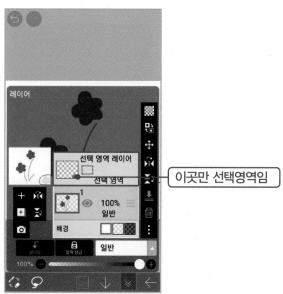

❷ [선택영역] 도구에서 [선택영역 뒤집기]를 눌러줍니다.

❸ 선택영역이 뒤집기 되어서 노란 꽃 이외의 부분이 선택영역이 되었습니다.

❹ 레이어에 들어가서 선택영역 레이어를 확인하면 아까 보라색 부분이 반대로 된 것을 확인할 수 있습니다.

❺ 다시 전체 화면으로 돌아온 다음 [변형]을 눌러서 선택영역 안의 그림들을 이동할 수 있습니다.

❻ 왼쪽으로 이동한 모습입니다.

❼ [페인트 통]을 이용해서 꽃의 색도 바꿔 주었습니다.

❽ 오른쪽 아래 노란색 꽃도 바꿔주려고 선택하면 이번에는 '선택부분 외부'라는 텍스트가 나오면서 선택이 되지 않습니다. 즉 [선택영역 뒤집기]에 의해 선택영역이 바뀌었기 때문입니다.

❾ [선택영역] 도구로 들어가서 [선택영역 삭제]를 눌러 해제시킵니다.

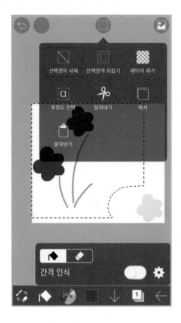

❿ 최종적으로 완성된 모습입니다.

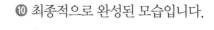

여기서 잠깐!

[올가미] 사용 시 선택영역 삭제는 [선택영역] 도구 기능을 사용하지 않고, 우측 그림과 같이 [선택영역 삭제] 메뉴를 눌러 삭제할 수도 있습니다.

(3) 레이어 제거

해당 레이어 전체가 없어집니다. 전체 지우기를 할 때 사용하면 됩니다.

여기서 잠깐!

[레이어] 도구를 눌러 나타난 메뉴 중 오른쪽 맨 위의 [레이어 지우기]를 선택해도 레이어 제거를 할 수 있습니다.

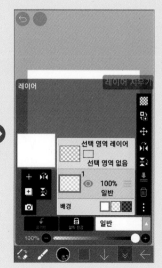

[패턴] 도구

❶ 배경으로 다양한 패턴을 입힐 수 있습니다. 소스 파일에서 '여자아이.jpg' 파일을 불러옵니다.

❷ 오른쪽 상단에 [패턴] 도구를 선택합니다.

❸ 다양한 패턴 무늬들이 나타납니다. 원하는 패턴을 골라서 넣어주면 됩니다. 여기서는 컬러 패턴을 지정했습니다.

❹ 나타난 컬러 패턴 중에서 심플 하트를 골라서 배경에 넣어주었습니다.

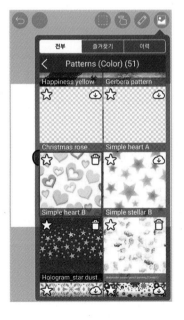

❺ 배경을 넣으면 '손가락을 드래그해 움직입니다'라는 텍스트가 나타납니다. [반복]에 체크가 되어 있는 상태라면 패턴의 모양을 크게 또는 작게 할 수 있습니다.

❻ 두 손가락을 이용해 패턴을 작게 만든 모습입니다.

❼ [원근법 양식] 또는 [그물망 양식]으로 배경을 회전시키거나 한쪽만 늘리고 줄이는 기능이 가능합니다. 아래 그림은 [원근법 양식]을 눌러서 배경을 회전한 모습입니다.

❽ 패턴을 원하는 배경으로 설정한 후, 우측하단 [체크] 버튼을 눌러 완성합니다.

(1) 옷에 패턴 넣는 방법

❶ 그림이 있는 화면에서 [자동 선택]을 선택합니다.

❷ 옷을 누르면 옷만 선택이 됩니다.

❸ 오른쪽 위에 [패턴]을 눌러 옷에 넣을 원하는 패턴을 골라주세요.

❹ 여기서는 맨 위에 위치한 '타탄 체크'를 골랐습니다.

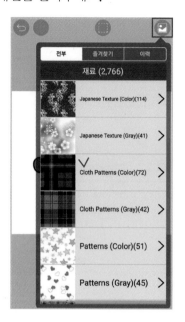

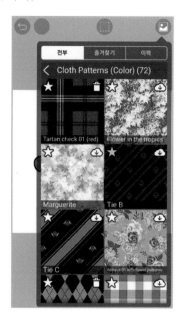

❺ 옷에 바로 패턴이 들어갔습니다. 이와 같이 배경이나 옷 등 원하는 패턴을 그림으로 사용할 수 있습니다.

TIP

이모티콘을 만들 때는 단색을 주로 사용하고 3~5가지의 색으로 구성하므로, [패턴] 도구는 많이 사용하지 않습니다.

만화 등에서 클리핑 기능 사용하기

[패턴] 도구는 이모티콘에는 많이 사용하지 않지만, 만화 등의 일러스트를 그릴 때 많이 사용합니다. 알아두면 유용한 정보로 클리핑 기능과 함께 옷에 패턴 넣는 다른 방법을 소개합니다.

❶ 그림을 약간 크게 한 다음 [올가미]를 사용하여 치마를 선택해 주세요.

❷ [복사] – [붙여넣기]를 눌러주세요.

❸ 레이어를 보면 다음과 같습니다. 즉, 3번 레이어에 복사한 치마만 별도로 생겼습니다.

❹ 왼쪽에 + 버튼을 눌러 레이어를 추가
해주세요.

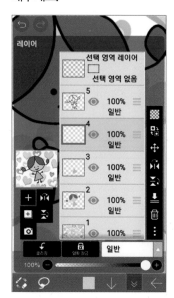

❺ 4번 레이어가 활성화 된 상태에서 아래쪽
클리핑을 눌러주세요. 그러면 그림과 같이
4번 레이어가 3번 레이어에 속해있는 모습
으로 나옵니다. 클리핑은 그림을 그릴 때
색칠이 되어 진 부분에만 반영되는 기능으
로, 만화를 그리면서 얼굴이나 옷 등의 음
영을 그릴 때 많이 사용되어 집니다.

❻ 다시 패턴을 선택한 다음 치마에 어
울릴 만한 마음에 드는 패턴을 선택
합니다.

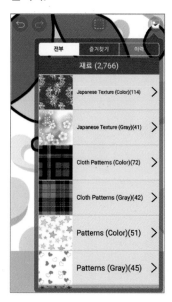

❼ 여기서는 아가일 패턴을 골라 주었습니다.

❽ 짜잔~ 치마에 패턴이 들어갔습니다.

❾ 레이어를 살펴보면 패턴이 4번 레이어에 들어가지 않고, 5번 레이어가 새로 생기면서 들어간 것을 볼 수 있습니다. 4번 레이어는 필요 없으니 삭제합니다.

❿ 4번 레이어 전체에 패턴이 들어갔지만 3번 레이어의 클리핑이므로 치마 부분만 패턴이 보입니다.

⓫ 이렇게 배경이나 옷 등에 패턴을 사용하면 유용합니다.

[클리핑] 도구와 [알파 잠금] 도구의 차이점

[클리핑] 도구

클리핑 기능은 색칠 선이 밖으로 삐져나가지 않아 만화 등에서 디테일한 명암이나 음영 등을 그릴 때 사용합니다.

❶ 먼저 '+' 버튼을 눌러서 레이어를 추가해주세요. 레이어가 하나 추가되어야 [클리핑] 도구가 활성화 됩니다.

❷ [클리핑]을 눌러주세요. 그러면 2번 레이어가 1번 레이어의 하위 레이어가 됩니다.

❸ 초록색을 선택해줍니다.

❹ 2번 레이어에 색칠을 하면 1번 레이어에서 색칠이 되어져 있던 부분만 색이 입혀지는 것을
볼 수 있습니다.

[알파 잠금] 도구

❶ [알파 잠금]을 누른 다음 클리핑에서와 똑같이 초록색을 선택하여 선을 그어주면서 색칠을 해 보았습니다.

❷ 그러면 알파 잠금된 레이어에서 색칠이 되어져 있는 부분만 색이 변경되었습니다.

[클리핑]과 [알파 잠금]은 거의 같은 기능으로, 기준 레이어에 색칠이 되어져 있는 부분에 다른 색으로 색칠할 때 기능 설정 후에 아무렇게나 색칠을 해도 이전 색칠되어진 부분에만 색이 입혀집니다. 다만, [클리핑]은 레이어가 2개로 표시되고, [알파 잠금]은 1개의 레이어에서 이루어진다는 차이점이 있습니다.

STEP
03

이비스 페인트를 이용한 이모티콘 제작 따라해 보기

03 : 이비스 페인트를 이용한 이모티콘 제작 따라해 보기

여태까지 이비스 페인트의 기능들을 살펴 보았는데 잘 이해가 안 되는 부분도 있었을 것입니다. 그래서 실전 연습으로 직접 캐릭터를 그리면서 기능들을 익혀보기로 합니다. 그림을 잘 그리거나 이비스 페인트를 많이 사용했던 사람들은 빈 캠퍼스에 손으로 쓱쓱 그려나갈 수도 있겠지만 초보자들은 아무래도 직접 그리는데 어려움이 따를 수 있습니다.

그래서 여기에서는 이미 그려진 캐릭터 그림을 3개 준비했습니다. 손으로 그리는 그림으로 공룡 캐릭터인 쏘어와 고양이 캐릭터인 꼬미, 도형을 이용하여 그리는 랫서판다 캐릭터인 랫서입니다. 이들 그림을 그대로 따라 하면서 캐릭터를 만들어 보기로 합니다. 또한 그리기가 아닌 사진을 이용하여 캐릭터 이모티콘을 만드는 방법도 소개합니다.

그대로 따라 하다 보면 이비스 페인트의 기능들을 자연스럽게 이해할 수 있을 것입니다.

방법을 대략 살펴보면 다음과 같습니다.

❶ 캐릭터가 들어있는 이미지를 불러옵니다.

❷ 브러시를 사용하여 캐릭터 테두리를 따라 그립니다.

❸ 원본 캐릭터를 버리면 따라 그린 테두리만 남게 됩니다.

❹ 따라 그린 테두리에 색을 입혀 나만의 캐릭터를 만듭니다.

　(여기서는 실습을 위해 원본을 그대로 따라 그렸지만, 그리는 과정에서 나만의 색을 입히거나 특색 있게 캐릭터 수정을 할 수도 있습니다).

❺ 세세한 작업을 하여 완성시킵니다.

실제로 이모티콘 캐릭터를 만들 때에도 이 방법이 매우 유용하게 사용될 수 있습니다.

즉, 종이에다 펜이나 연필로 생각하는 캐릭터를 그린 다음 사진 찍어 이미지 파일로 저장합니다. 그런 후 이와 같은 방식으로 캐릭터를 불러와서 색상을 입히면서 작업을 하여 완성시키면 됩니다.

1. 공룡 캐릭터 '쏘어' 그려보기

❶ 이비스 페인트를 실행한 후 [나의 갤러리]를 선택하면 첫 화면에 갤러리가 나옵니다. 좌측하단의 + 버튼을 눌러 새 캔버스를 생성합니다.

❷ 그림을 그릴 캔버스 사이즈를 지정합니다. 네이버 OGQ 마켓에 제안하는 사이즈가 740×640이므로 사이즈를 입력한 다음 'OK'를 누릅니다.

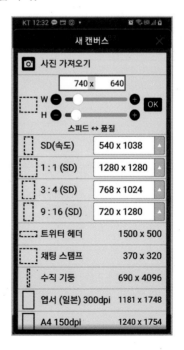

❸ 레이어를 생성하기 위해 화면 하단의 [레이어]를 선택합니다.

❹ 레이어 화면이 나옵니다. 사진을 넣을 것이기 때문에 카메라를 눌러서 다운받아 놓은 '쏘어' 사진을 선택해주세요. 소스 이미지는 아티오 자료실에서 다운받으시면 됩니다.

❺ 사진의 크기에 따라서 두 손가락을 이용해서 사진을 크게 또는 작게 할 수 있습니다. 사진의 크기를 캔버스 크기에 맞춰서 조절해주세요.

❻ 조절이 끝났으면 오른쪽 하단의 [체크] 버튼을 누릅니다.

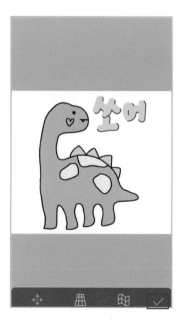

❼ [선 드로잉 추출] 창이 나타나면 [취소]를 눌러주세요.

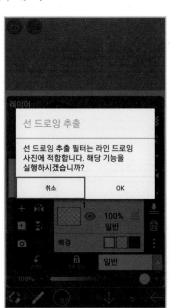

❽ 2번 레이어에 '쏘어' 이미지가 올라왔습니다.

여기서 잠깐!

선 드로잉 추출에서 OK를 누를 경우, 그림이 다음과 같이 회색으로 변경됩니다. 선만 그리는 경우에는 OK를 해도 상관없으나, 색을 추출해야 하는 경우나 색을 보면서 그림을 그리는 것이 좋기에 취소를 누르고, 불투명도를 조절해서 그 위에 그림을 그리는 방법을 추천합니다. 개인의 성향에 따라 OK를 눌러서 선 드로잉 추출로 그리셔도 무방합니다.

❾ 이 사진은 기본 배경으로 사용될 것이므로 ❽번 그림에서 2번 레이어의 오른쪽 ☰ 버튼을 눌러 아래쪽으로 드래그하여 주세요. 그러면 1번과 2번 레이어의 위치가 바뀌어서 '쏘어' 사진이 1번 레이어가 됩니다.

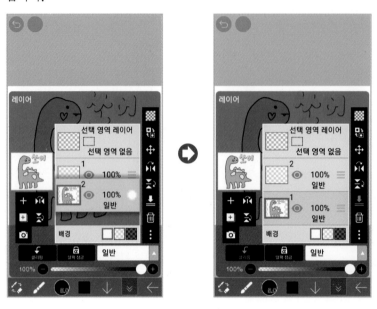

❿ 1번 레이어의 불투명도를 50% 정도로 조정해 줍니다.

⑪ 그리고 2번 레이어를 선택해주세요. 여기에서 캐릭터를 따라 실제로 그림을 그려줄 예정입니다.

⓬ 캔버스로 돌아와서 [브러시]를 선택해 줍니다. '펠트펜(경질)'을 선택합니다. 이어서 브러시 테두리 굵기와 불투명도를 설정해 주세요. 여기서는 굵기는 5, 불투명도는 100%로 했습니다.

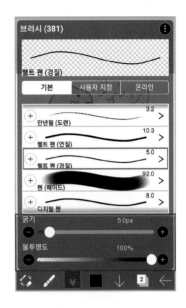

⓭ 이제 '쏘어' 테두리를 그대로 따라서 그려주세요. 잘못 그려지면 [실행 취소]를 누르거나 [지우개]를 이용하여 지운 다음 다시 그리면 됩니다. 세심하게 잘 그려주세요.

⓮ 테두리를 그렸으니 채색을 할 차례입니다. 그런데 여기다 그대로 채색을 하는 경우 잘못하면 그려놓은 테두리 선이 지워질 수 있기 때문에 색칠 레이어를 추가로 만들어서 작업해야 합니다. 레이어를 추가하기 위해서는 [레이어] 도구를 눌러 레이어로 들어가서 왼편에 + 버튼을 눌러주세요.

⑮ 레이어가 하나 더 생성되었습니다.

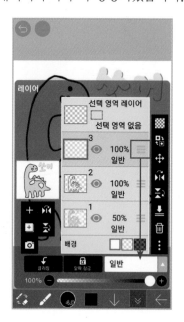

⑯ 새로 생성된 레이어의 오른쪽 ☰ 도구를 눌러 드래그해서 아래로 이동해 주세요. 이동된 아래의 레이어가 색칠을 할 레이어입니다. 이렇게 테두리 레이어가 위에 있어야 그림을 색칠하기 더 쉽습니다.

⑰ '쏘어' 캐릭터의 색을 칠하기에 앞서 해당 색상을 먼저 추출해 놓고 색칠을 하도록 하겠습니다. 샘플 그림인 1번 레이어 그림의 불투명도를 100%로 다시 변경해 주세요.

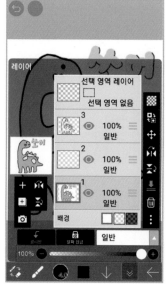

⓲ '쏘어'의 몸통을 꾸욱 눌러서 몸통의 연보라색을 추출해주
세요.

⓳ 색상표에 추출한 연보라색을 넣어줍니다.

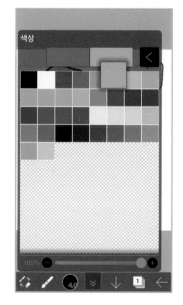
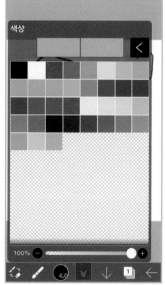

⓴ 연노랑색의 무늬와 민트색의 공룡 돌기, 핑크색 볼터치까지도 추출하여 색상표에 넣어주세요.

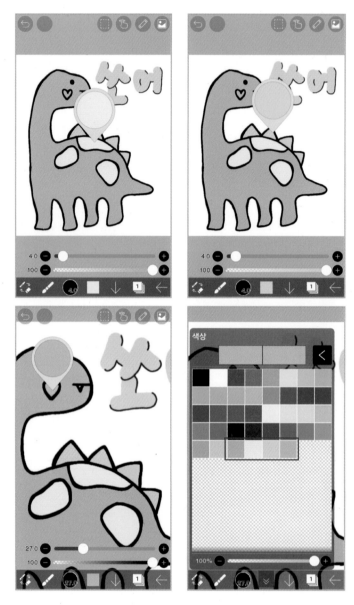

㉑ 원본 사진이 있는 레이어는 삭제해 줍니다.

㉒ 1번 레이어에 색을 칠해보도록 하겠습니다.

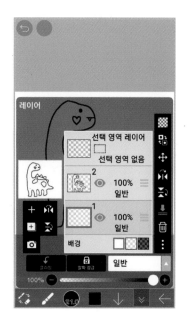

㉓ 추출해 놓은 색상표에서 색을 선택합니다.

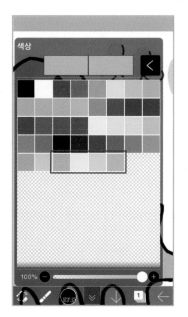

㉔ [페인트 통]을 이용해서 색을 부어줍니다.

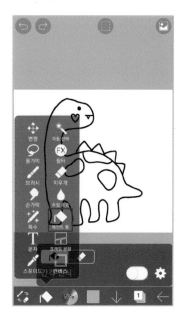

㉕ 추출해 놓은 색상표의 연보라색으로 '쏘어'의 몸을, 연노랑색으로 무늬를 색칠했습니다.

㉖ 공룡의 돌기는 민트색으로 칠하는데, 두 손가락을 이용해서 그림을 크게 키워서 색칠하면 더욱 편합니다.

❷❼ 이렇게 완성이 되었습니다. 그런데 여기에서 중요한 한 가지 주의 사항이 있습니다. 공룡 그림의 이빨 부분은 흰색이어야 합니다. 그런데 배경색도 흰색이다 보니 이빨을 흰색으로 색칠하지 않았더라도 차이를 못 느껴 흰색으로 색칠하지 않고 그대로 넘기는 경우가 있습니다. 그렇게 되면 나중에 저장할 때 문제가 발생하므로 반드시 흰색 부분도 칠을 해주어야 합니다.

이빨은 흰색으로 칠해져야 합니다.

❷❽ 흰색으로 제대로 칠해졌는지 확인해 보기로 합니다. [레이어]로 들어가면 배경을 선택할 수 있습니다.

㉙ 캔버스는 원래 투명 도화지로 생각하면 되는데 배경이 하얀색일 때 이렇게 공룡 이빨처럼 하얀색이 있을 경우 색칠이 되었는지 안 되었는지 알 수 없기 때문에 투명 배경을 알 수 있는 다음 두 가지 중 하나를 선택하여 그림에서 색칠이 안 된 곳이 있는지 확인합니다.

여기서는 세 번째 배경을 선택하여 확인하였습니다.

 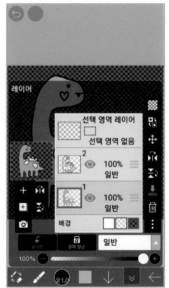

㉚ 공룡의 이빨에 색이 칠하지 않은 것이 보입니다.

❸❶ 얼굴 부분을 확대하여 흰색으로 이빨 부분을 칠해줍니다.

❸❷ 최종적으로 공룡 '쏘어'가 완성되었습니다.

2. 뚱한 고양이 캐릭터 '꼬미' 그려보기

뚱한 고양이 '꼬미'는 우리 아이가 그린 캐릭터입니다. 채색이 잘 되었는지 확인하는 방법을 설명하기 위해서 흰색이 들어간 하얀 고양이 캐릭터를 따라 그려보기로 합니다.

❶ 이비스 페인트를 실행한 후 [나의 갤러리]를 선택하면 첫 화면에 갤러리가 나옵니다. 좌측하단의 + 버튼을 눌러 새 캔버스를 생성합니다.

❷ 그림을 그릴 캔버스 사이즈를 지정합니다. 네이버 OGQ 마켓에 제안하는 사이즈가 740×640이므로 사이즈를 입력한 다음 'OK'를 누릅니다.

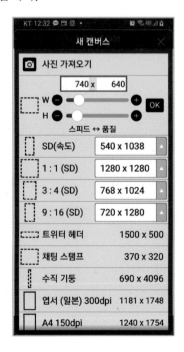

❸ 레이어를 생성하기 위해 화면 하단의 [레이어]를 선택합니다.

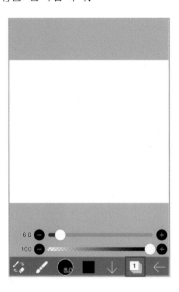

❹ 레이어 화면이 나옵니다. 사진을 넣을 것이기 때문에 카메라를 눌러서 다운받아 놓은 '꼬미' 사진을 선택해주세요. 소스 이미지는 아티오 자료실에서 다운받으시면 됩니다.

❺ 두 손가락을 이용해서 사진의 크기를 맞춰서 조절 후 오른쪽 하단의 [체크] 버튼을 누릅니다.

❻ [선 드로잉 추출] 창이 나타나면 [취소]를 눌러주세요.

❼ '꼬미' 사진이 있는 레이어의 오른쪽 ☰ 도구를 눌러 아래쪽으로 드래그해 주세요. 그러면 1번과 2번 레이어의 위치가 바뀌어서 '꼬미' 사진이 1번 레이어가 됩니다.

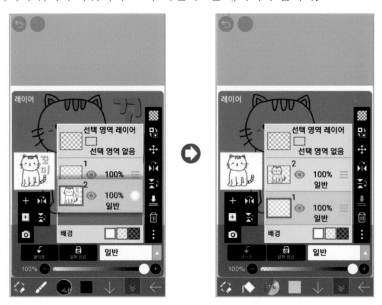

❽ 1번 레이어의 불투명도를 50% 정도로 조정해 줍니다.

❾ 그리고 2번 레이어를 선택해주세요. 여기에서 캐릭터를 따라 실제로 그림을 그려줄 예정입니다.

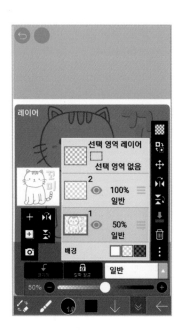

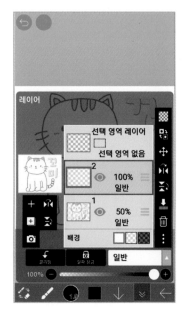

⓾ 선을 따라 그려주세요. 두 손가락을 이용해서 그림을 크게 하면 따라 그리기 더욱 쉽습니다.

⓫ 테두리가 완성되었어요. 오른쪽 아래에 [레이어] 도구를 눌러주세요.

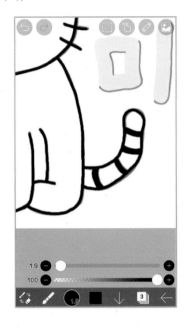

⓬ [레이어 삭제] 버튼을 눌러서 1번 레이어를 삭제해 주세요.

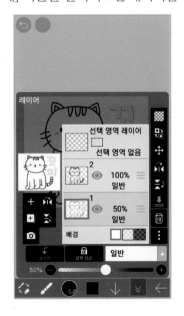

⓭ 고양이 '꼬미' 캐릭터 테두리만 하나 남았습니다. 왼쪽 + 버튼을 눌러서 레이어를 추가해주세요.

⓮ 새로 생성된 레이어의 오른쪽 ☰ 도구를 눌러 드래그해서 아래로 이동해주세요.

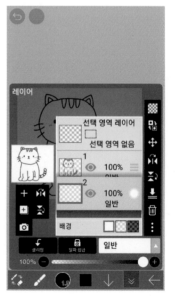

⑮ 앞 단원 '쏘어' 그리기에서 색을 칠할 때와 같이 아래쪽 배경을 변경하여 색을 입혀줄 수도 있지만, 이번에는 또다른 방법으로 배경색을 입혀서 색칠이 빠진 곳이 없는지 확인하는 방법을 알아보겠습니다.

⑯ 왼쪽 + 버튼을 눌러서 레이어를 하나 더 추가해주세요.

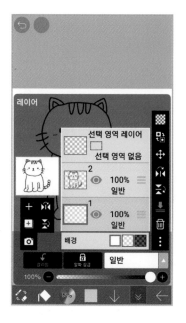

⑰ 1번 레이어 배경 색깔을 넣어주세요. 여기서는 노란색을 선택해서 넣었습니다.

⓲ 2번 레이어에서 색칠을 해줍니다. [색상표]에서 흰색을 눌러주세요.

 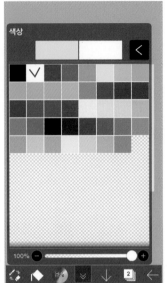

⓳ [기본 메뉴] 도구에서 [페인트 통] 도구를 눌러주세요.

⓴ [페인트 통]을 이용하여 꼼꼼하게 색을 넣어주세요. 흰색 고양이 이므로 얼굴, 몸과 꼬리 부분을 흰색으로 채웠습니다.

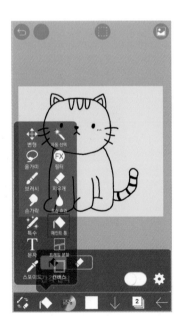 

㉑ 귀 안쪽과 무늬 부분은 회색으로 넣어주세요.

㉒ 색상표에서 핑크색으로 변경하고, 불투명도를 조절한 후 '꼬미'의 볼 터치를 표현해 줍니다.

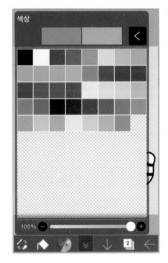 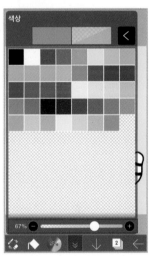

㉓ 화면을 확대하여 볼터치를 그려주세요.

❷❹ [레이어] 도구로 들어가서 배경이 되었던 노란색 레이어는 삭제해 줍니다. 이처럼 그림에 흰색이 많이 포함될 경우 배경색을 넣어서 확인해 보면 좋습니다.

❷❺ 짜잔~ 뚱한 고양이 캐릭터 '꼬미'가 완성되었습니다. 어때요? 너무 쉽지요?

채색이 안 된 곳이 있는지 확인하기 위한 배경색 넣기

Q : 색깔이 잘 칠해졌는지 확인하기 위해서 배경색을 넣으라고 해서 넣었는데, 그림 가운데는 색칠이 안 됩니다. 전체에 배경색을 어떻게 넣나요?

A : 전체 레이어를 그대로 두고 색을 넣으면 다른 레이어에 있는 그림들이 반영되기 때문에 그 부분은 색이 들어가지 않습니다. 다른 레이어를 보이지 않게 한 후에 배경색을 넣습니다. 다음과 같이 따라해 보세요.

❶ 먼저 레이어를 하나 생성해서 맨 아래에 둡니다.

❷ 색상에서 색을 지정해주세요. 여기서는 노란색으로 지정했습니다.

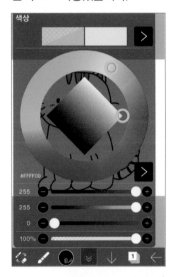

❸ [페인트 통]을 이용해서 배경에 노란색을 부어주세요.

❹ 그리고 다시 레이어에 가 보니 그림과 같이 '꼬미' 그림이 있었던 부분에는 페인트가 부어져 있지 않았습니다. 다른 레이어라 할지라도 그림이 있으면 영향을 받게 되어 있어 '꼬미' 그림이 있던 자리에는 노란색이 들어가지 않았습니다.

❺ 레이어에서 눈 처럼 생긴 부분을 선택해서 잠시 지워주세요. 그러면 '꼬미' 테두리와 색상이 화면에서 꺼지면서 나타나지 않습니다.

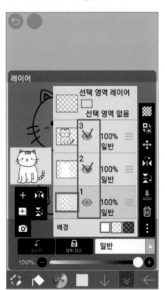

❻ [페인트 통]을 이용하여 전체에 노란색으로 배경을 입혀줍니다.

❼ 다시 레이어로 돌아와서 눈 모양을 모두 선택해 주세요.

❽ 이모티콘에 흰색이 들어간다면 꼭 이와 같은 방법으로 흰색이 잘 들어갔는지 확인할 필요가 있습니다. 채색이 안 된 곳이 있는지 확인하는 방법으로 사용하는 배경색 넣기를 알아두시면 유용합니다.

❾ 이해를 쉽게 하기 위해 1번 배경 레이어와 3번 레이어만 선택하면 테두리선만 보이는 것을 볼 수 있습니다.

❿ 3번 레이어를 지우고, 2번 채색된 레이어를 선택하면 옆에 보이는 모양처럼 채색만 되어 있는 '꼬미' 모양이 나옵니다.

3. 귀여운 랫서판다 캐릭터 '랫서' 그려보기

❶ 이비스 페인트를 실행한 후 [나의 갤러리]를 선택하면 첫 화면에 갤러리가 나옵니다. 좌측하단의 + 버튼을 눌러 새 캔버스를 생성합니다.

❷ 그림을 그릴 캔버스 사이즈를 지정합니다. 네이버 OGQ 마켓에 제안하는 사이즈가 740×640이므로 사이즈를 입력한 다음 'OK'를 누릅니다.

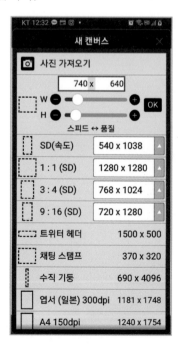

❸ 새 캔버스가 생성되었습니다. 화면 하단의 [레이어] 도구를 선택합니다.

❹ 레이어 화면이 나오면 이미지를 불러오기 위해 왼편에 [카메라]를 눌러주세요.

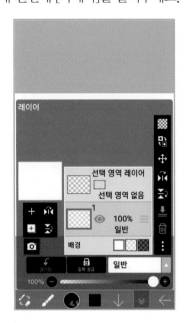

❺ 그림을 그릴 '랫서'를 불러온 다음 초록색 [체크] 표시를 눌러주세요. 이미지 크기에 따라서 두 손가락을 이용해서 크게 또는 작게할 수 있습니다. 소스 자료는 아티오 자료실에서 다운받으면 됩니다.

❻ [선 드로잉 추출] 창이 나타나면 [취소]를 눌러주세요.

❼ 오른쪽 ≡ 도구를 꾹 눌러서 레이어를 아래로 내려주세요. 그러면 파일이 1번 레이어로 내려옵니다.

❽ 그림의 투명도를 50%로 조정해주세요.

❾ 2번 레이어를 선택해주세요. 여기에서 캐릭터를 따라 그림을 그려줄 예정입니다.

❿ [자]에서 '타원형 자' 도구를 눌러주세요.

⓫ 타원형 자를 '랫서' 얼굴 크기와 맞춰주세요.

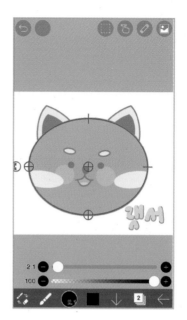

⓬ [레이어]로 들어가서 [카메라]를 다시 한 번 눌러주세요.

⓭ 다시 한 번 '랫서' 이미지를 가져옵니다.

❹ 두 손가락을 이용해서 그림의 사이즈를 줄이고, 왼쪽 아래편에 가져다 놓습니다. 색을 추출하는 용도로 사용할 예정입니다.

❺ [레이어]로 들어가서 테두리를 그릴 2번 레이어를 선택해 주세요.

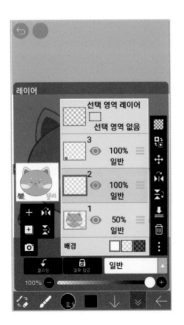

❻ 불러 온 이미지에서 귀 안쪽 부분을 꾸욱 눌러주세요. 그러면 [스포이드] 기능이 작동되어 붓의 색깔이 선택한 색으로 변경됩니다.

⑰ 원하는 붓의 두께로 테두리를 그려주세요. 여기서는 5.6으로 지정하여 그렸습니다.

⑱ '랫서'의 귀를 그려줄 차례입니다. 그리기 편하도록 그림을 두 손가락으로 키운 다음 타원형 자를 선택하여 크기를 귀에 맞춰서 그려주세요.

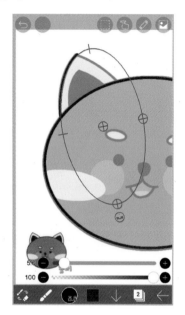

⑲ 타원형 자를 이동하여 안쪽 귀의 모양도 그려주세요.

❷⓿ 타원형 자를 돌려서 왼쪽 귀의 오른쪽 부분도 그려줍니다. 안쪽 귀를 그릴 때는 타원형 자를 움직이지 않은 상태에서 안쪽의 선만 그어주세요.

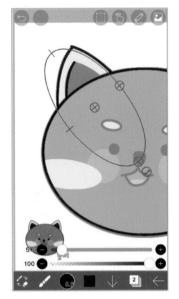 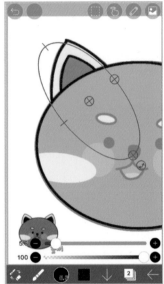

❷① [페인트 통]을 눌러서 귀 안쪽을 채색해 주세요.

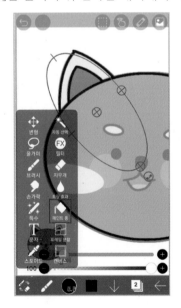 

㉒ 그림을 그리다가 삐져나온 부분이 있다면 지우개를 이용해서 지워주시면 됩니다.

㉓ 오른쪽 귀도 같은 방법으로 그려주세요.

㉔ 눈썹을 그려보겠습니다. [자]에서 '타원 형 자' 도구를 눌러주세요.

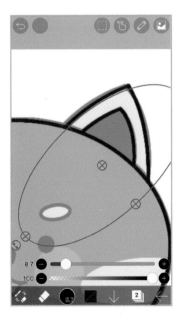 

여기서 잠깐!

그림을 그리다가 보면 [자] 도구가 활성화 되지 않을 때가 있어요. 이게 어디로 갔지? 당황해하지 마시고, [기본 메뉴] 도구를 확인해 보세요. [페인트 통]으로 되어 있으면 [자] 도구가 활성화 되지 않습니다. [기본 도구]를 브러시로 바꾸면 [자] 도구가 활성화 됩니다.

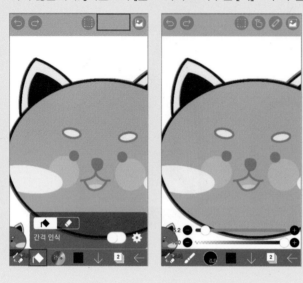

㉕ 타원형 자를 '랫서' 눈썹 크기와 맞춰주세요. 테두리 그렸던 색과 같은 색으로 눈썹을 그려주세요. 작은 그림을 그릴 때는 두 손가락을 이용하여 그림을 늘려주면 그리기 편합니다.

❷❻ 타원형 자를 오른쪽으로 옮겨서 조절한 후 나머지 눈썹을 그려주세요.

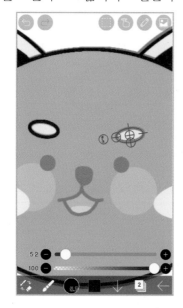 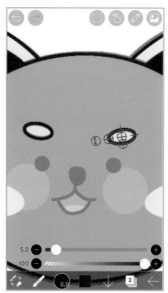

❷❼ [자]에서 OFF를 눌러주세요. OFF를 눌러야 보조선이 없
어집니다.

㉘ '랫서'의 눈을 그릴 차례입니다. [자]에서 '원형자'를 사용해서 맞추고, 눈을 동그랗게 그려 주세요.

㉙ 오른쪽 눈도 동일하게 그려주세요.

❸⓿ [페인트 통]을 이용해서 눈을 색칠해주세요.

❸❶ 붓으로 코와 입을 그려준 후, 코의 안쪽을 색칠해줍니다.

㉜ 테두리가 완성되었습니다.

㉝ '랫서' 얼굴색을 추출해 주세요. 왼편 아래 색깔 추출용 작은 '랫서' 이미지의 얼굴을 길~게 눌러주세요.

㉞ [레이어]로 들어가서 레이어를 추가하여 색칠 레이어를 만들어 주세요.

㉟ [페인트 통]을 이용해서 얼굴색을 칠해주세요.

여기서 잠깐!

밑그림이 있는 상태에서 [페인트 통]을 이용하면 밑그림의 선들도 반영이 되어 색칠이 말끔하게
되지 않습니다. [레이어]로 들어가 밑그림이 그려져 있는 레이어를 비활성화 시킨 후 색을 입혀
주세요.

'랫서'의 얼굴이 깨끗하게 칠해졌습니다.

㊱ '랫서'의 귀 바깥쪽, 눈썹을 색칠하려고 합니다. 왼쪽 아래편 색 추출용 작은 '랫서'의 얼굴 무늬를 길게 눌러 색을 추출해 주세요.

㊲ 귀 바깥쪽과 눈썹을 색칠해주세요. [페인트 통]을 이용해도 좋고, [브러시]를 이용해서 색칠을 해도 됩니다.

❸❽ '랫서' 입의 색을 추출하여 입을 색칠해주세요. 왼쪽 아래 작은 '랫서'를 크게 확대한 후 입
안 쪽을 꾸욱 눌러서 색을 추출하였습니다.

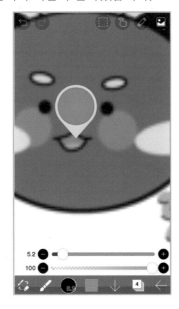 

❸❾ 얼굴 무늬를 그리기 위한 레이어를 하나
생성해주세요.

❹⓪ 그림을 따라 그려야 하므로 1번 레이어
의 눈 모양을 켜서 활성화 하고, 2번 레이어
의 눈 모양을 꺼서 비활성화 해주세요.

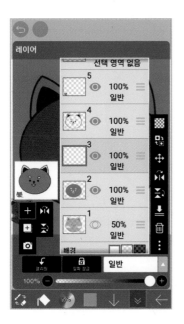 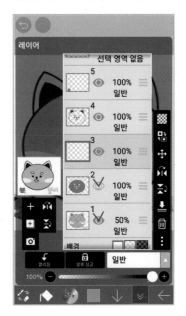

㊶ **㊱**번에서와 같은 방법으로 색을 추출한 후 원형 자를 이용해서 얼굴 무늬를 그려주세요.

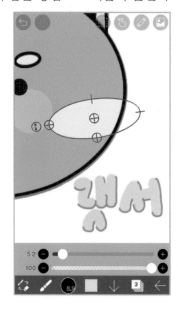 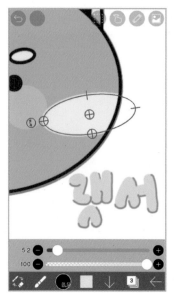

㊷ [페인트 통]을 이용해서 색을 칠해주세요.

❹ 왼쪽 얼굴 무늬도 같은 방법으로 그려주세요.

❹ 다음은 '랫서'의 볼터치를 표현할 예정입니다. 얼굴색과 얼굴의 무늬 사이에 볼터치가 위치하고 있습니다. [레이어]로 들어가서 색칠 레이어와 얼굴무늬 레이어 사이에 레이어를 하나 추가해 주세요.

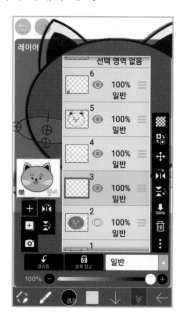

❹ [자] 도구에서 OFF를 눌러서 타원형 자를 꺼 주시고, 원형 자를 눌러주세요.

㊻ 왼쪽 아래 '랫서'의 볼터치에서 색을 추출하여 볼터치를 그리고 색칠해주세요.

㊼ 왼쪽도 동일한 방법으로 그리고 색칠해 주세요.

㊽ 레이어로 들어와 봅니다. 2번 색칠 레이어와 4번 얼굴 무늬 레이어 사이에 3번 레이어에 볼터치가 생겼습니다.

❹❾ 색칠 레이어의 눈 모양을 눌러서 활성화 해주세요.

❺⓪ 그림으로 돌아오니 타원형 자, 원형 자의 보조선들이 남아 있습니다. [자] 도구로 들어가서 OFF를 눌러주세요. 그러면 자의 보조선들이 모두 없어집니다.

 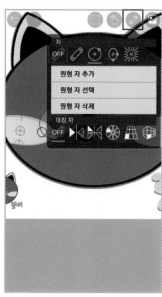 

51 왼쪽 아래 색 추출용 '랫서' 이미지에서 입 아래쪽 헛바닥 부분의 색을 추출해 주세요. 헛바닥 범위가 작기 때문에 그림을 크게 확대해서 꾸욱 눌러주시면 됩니다.

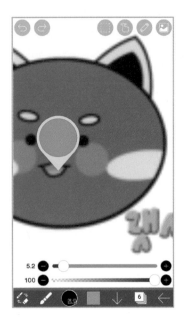

52 [레이어]로 들어가서 2번 레이어의 눈 부분을 눌러 비활성화 해주세요. 그리고 3번 레이어 또는 4번 레이어를 눌러주세요. 저는 4번 레이어를 눌렀습니다.

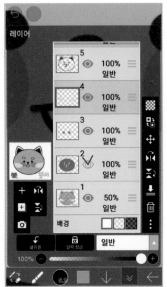

❺ 여기에서 혓바닥을 그려줍니다. 그림의 입 부분을 확대하여 색을 칠해주세요.

❺ [레이어]로 돌아와서 2번 레이어를 활성화 해주세요. 그리고 1번 레이어를 선택하고, [휴지통] 버튼을 눌러 삭제합니다.

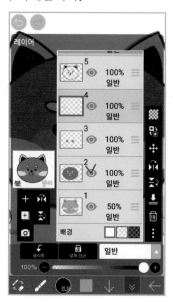 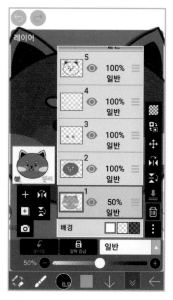

(55) 색 추출용으로 사용했던 '랫서' 이미지도 삭제해주세요.

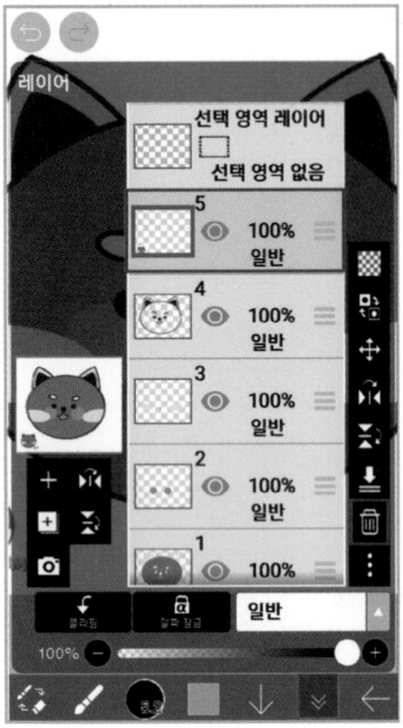

(56) 짜잔! 귀여운 '랫서'가 완성되었습니다.

독자 Q&A

Q. 그림을 복사해서 붙여넣기를 새 캔버스에 할 경우, 레이어가 따로 있으니 테두리 선 따로 복사하고 붙여넣고, 색칠한 레이어 따로 복사하고 붙여넣기를 해야 합니다. 한 번에 복사 붙여넣기가 가능한가요?

A. 레이어 합치기 기능을 이용하실 수 있습니다. 먼저 레이어 합치기를 해 놓으면 한 번에 복사하고 붙여넣기가 가능합니다. 레이어에서 테두리 레이어와 색깔 레이어를 합치고 싶을 때 빨간 네모박스를 선택해 주면, 레이어가 하나가 됩니다.

네이버 OGQ에 제안할 24개의 이모티콘을 만들 때, 복사 붙여넣기를 하는데 레이어 합치기를
하고 복사 붙여넣기를 하는 방법을 추천드리지 않습니다. 얼굴의 표정이나 행동의 동작들을 변
형해야 하는데 합치기를 하면 수정이 어렵기 때문입니다. 번거롭더라도 선 따로 색 따로 복사하
세요.

 독자 Q&A Q. 그림을 그리다 보니 오른쪽을 보도록 그렸
는데, 왼쪽을 보는 방향으로 바꾸고 싶어요. 다 다시 그려야 하나요?

A. 아니요. 레이어 가로반전 기능이 있습니다.

레이어로 들어가서 위 빨간 네모박스의 "레이어 가로반전"을 선택하
면 왼쪽, 오른쪽이 반전됩니다. 참고로, 그 아래 부분을 선택하면 레
이어 세로반전도 가능합니다.

4. 사진을 이용하여 캐릭터 이모티콘 만들기

강아지나 고양이 등 반려동물의 사진으로 이모티콘을 만들 수 있습니다.

저희 반려견 '무지'를 캐릭터로 만든 것이 고은이의 세번째 작품인 '똥꼬발랄 무지'였는데요. 이번에는 사진을 이용하여 '토이푸들이었다가 그냥푸들 무지'를 네이버 OGQ에 제안하여 승인받았습니다. 사진 이모티콘은 그림을 그리는 것보다 훨씬 쉽고, 반려동물의 사진을 기반으로 하므로 반려동물을 키우고 계시다면 사진 이모티콘을 작업해 보시길 추천합니다.

사진으로 이모티콘 만드는 방법도 캐릭터와 크게 다르지 않습니다.

❶ 24개의 이모티콘을 만들어야 하므로, 최소 24장의 사진을 준비해주세요. 여기서는 실습을 위해 샘플용 사진으로 3개를 준비했습니다. 아래의 사진을 이용하여 만드는 방법을 살펴보겠습니다. 샘플 사진 3개는 아티오 자료실에서 다운받으면 됩니다.

❷ 사진의 배경을 지우는 사이트는 remove.bg를 이용합니다. https://www.remove.bg/ko에 접속한 후 [이미지 업로드]를 눌러주세요.

❸ 사진이 있는 위치에서 배경을 없앨 사진을 선택해 주세요. 여기서는 첫 번째 '넥카라 무지' 사진을 선택했습니다.

❹ 그림과 같이 사진이 업로드 중이라고 표시됩니다.

❺ 업로드된 사진은 별도의 작업 없이 배경이 지워지고 '무지'의 모습만 딱 남게 됩니다. [다운로드]를 누르면 배경이 지워진 사진이 갤러리에 저장됩니다.

❻ 이비스 페인트를 열어 캔버스 사이즈를 네이버 OGQ 마켓에 제안하는 740×640으로 설정 후 'OK'를 누릅니다.

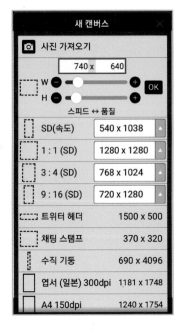

❼ 새 캔버스가 생성되었습니다. 화면 하단의 [레이어] 도구를 선택합니다.

❽ 레이어 화면이 나오면 이미지를 불러오기 위해 왼편에 [카메라]를 눌러주세요.

❾ 배경을 없앤 '무지' 사진을 불러옵니다.

❿ 두 손가락을 이용해서 사진을 캔버스 크기에 맞춘 후 오른쪽 아래 초록색 [체크] 표시를 눌러주세요.

⓫ [선 드로잉 추출] 창이 나타나면 [취소]를 눌러주세요.

⓬ 오른쪽 ☰ 도구를 꾹 눌러서 레이어를 아래로 내려주세요. 그러면 사진 레이어가 1번 레이어로 내려옵니다.

⓭ 사진의 바깥 라인을 따라서 테두리를 그려주세요. 두 손가락으로 화면을 확대해서 그리면 쉽게 그릴 수 있습니다. 선이 뭉개지거나 투 터치가 되지 않도록 주의해 주세요.

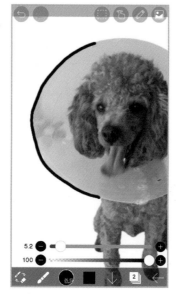
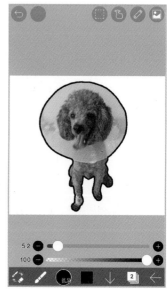

⓮ 사진이 '무지'가 아파서 넥카라를 하고 있는 모습이므로 "아파요", "슬퍼요" 등등의 문자와 함께해도 좋고, 이미 어떠한 상황인지 나타낼 수 있으므로 문자 없이 사용해도 됩니다. 저는 "ㅠㅠ"만 표시했습니다. 손글씨로 썼지만 [문자] 도구를 이용해서 글씨를 써 주셔도 좋습니다.

⓯ 투명 배경을 확인하기 위해서 배경을 변경했습니다.

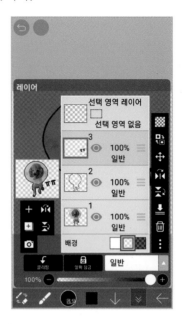

⓰ 이렇게 완성이 되었습니다.

⓱ [투명 배경 PNG로 저장하기]를 눌러주세요. 이렇게 사진의 라인선만 따라 테두리를 그리는 것만으로 이모티콘이 완성되었습니다. 보다시피 사진만 있으면 누구나 아주 쉽게 이모티콘을 만들 수 있습니다.

[배경이 깨끗하게 지워지지 않는 경우]

첫 번째 사진은 remove.bg에서 한 번에 배경이 깨끗하게 지워졌기 때문에 쉽게 그렸는데요. 배경의 모습에 따라서 한 번에 되지 않는 경우도 있습니다. 그럴 경우 하는 방법을 알려드립니다.

❶ remove.bg로 들어가 [이미지 업로드]를 눌러 사진을 선택해주세요. 여기서는 두 번째 '우비 무지' 사진을 선택했습니다.

❷ 배경이 지워진 '무지' 사진을 보면 안쪽에 다리도 같이 지워졌습니다. 바닥과 '무지' 발의 색이 비슷해서 배경으로 인식되어서 발생한 것입니다.

❸ 오른쪽 위에 [편집]을 눌러주세요.

❹ [편집]에서 새로운 배경들을 바꿀 수 있습니다. 저희는 배경 없는 이모티콘을 만드는 것이 주목적인데, 배경 없애기로 인해 잘못된 부분을 수정하기 위해서 [편집]을 누른 것이므로 [삭제/복구]를 눌러주세요.

❺ [삭제]는 사진을 지우고, [복구]는 지워진 사진을 복구하는데 사용합니다. 브러시 사이즈를 조절해서 사진을 지우거나 복구해 보세요.

❻ '우비 무지' 사진에서는 다리가 지워진 것이므로 [복구] 버튼으로 다리를 복구해봅니다.

❼ 너무 많이 복구되면 [되돌리기] 버튼으로 되돌리기 하거나 [삭제] 버튼을 이용해서 다시 삭제해주세요. 여기에서는 정확하게 라인대로 작업하기가 힘듭니다. 정교한 작업은 이비스 페인트에서 하기로 하고 지워진 다리가 보이는 정도로만 완성해 주세요.

❽ 오른쪽 위에 [다운로드] 버튼을 누르면 [이미지 다운로드]가 표기됩니다. 이미지 다운로드를 눌러주세요.

❾ 갤러리에서 다운된 이미지를 볼 수 있습니다. 다리를 복구하기 위해서 바닥이 조금 보이지만 괜찮습니다. 테두리를 그리면서 수정할 예정입니다.

⑩ 이비스 페인트를 열어 캔버스 사이즈를 네이버 OGQ 마켓에 제안하는 740×640으로 설정 후 'OK'를 누릅니다.

⑪ 새 캔버스가 생성되었습니다. 화면 하단의 [레이어] 도구를 선택합니다.

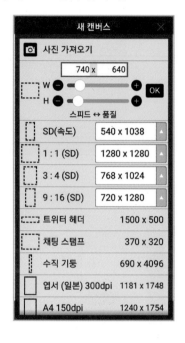

⑫ 레이어 화면이 나오면 이미지를 불러오기 위해 왼편에 [카메라]를 눌러주세요.

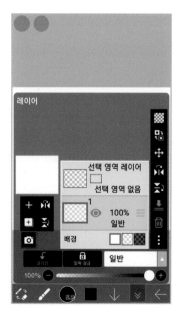

⑬ 배경을 지운 '우비 무지' 사
진을 가져옵니다. [선 드로잉
추출]은 취소를 눌러주세요.

⑭ 사진을 1번 레이어로 내려
주세요.

 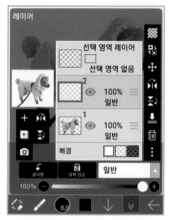

⑮ 배경을 바꿔서 투명이 잘 보이도록 해주고, 2번 레이어
위에 테두리를 그려주세요.

⓰ 다음과 같이 테두리 선을 완성합니다.

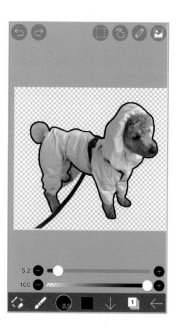

⓱ [레이어]로 들어가 테두리를 그린 2번 레이어에서 사진이 있는 1번 레이어로 이동해주세요.

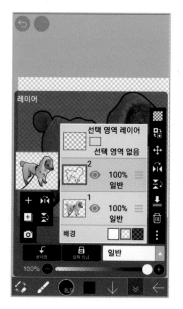 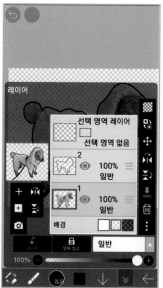

⓲ 사진 레이어에서 지우개를 사용해서 사진을 지울 수 있습니다. 필요 없는 부분을 지우개로 지워주세요. 그림을 확대해서 지우면 편합니다.

⓳ 짜잔~ 완성되었습니다.

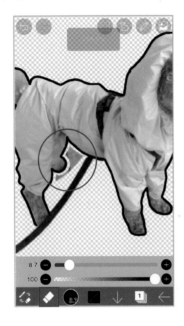

[이모티콘으로 사용할 수 없는 사진인 경우]

❶ 세 번째 사진은 이모티콘으로 사용할 수 없는 사진의 예시입니다. remove.bg로 들어가 [이미지 업로드]를 눌러 사진을 선택해주세요. 여기서는 세 번째 '공놀이 무지' 사진을 선택했습니다.

❷ remove.bg를 거쳐서 나온 사진은 다음과 같습니다.

❸ [편집]-[복구]를 이용해서 다리 부분의 라인을 살려보았으나 잔디만 나오네요. 이런 사진은 배경이 말끔히 지워지지 않으므로 이모티콘으로 사용하기 적합하지 않습니다.

이상으로 3가지 샘플 사진을 이용하여 '사진으로 이모티콘 만들기'를 알아보았습니다.

표정, 행동 등이 다양한 사진이 여러 장 있다면 하루만에도 모두 작업할 수 있는 '사진으로 이모티콘 만들기'도 꼭 한번 도전해 보시기 바랍니다.

STEP
04

이모티콘
제작하는 방법

04 : 이모티콘 제작하는 방법

1. 컨셉 정하기 & 캐릭터 구상하기

이번 단원에서는 본격적으로 이모티콘을 만드는 과정을 살펴보기로 합니다. 방법은 컨셉을 먼저 정하고 캐릭터를 구상해도 되고, 캐릭터를 먼저 정하고 컨셉을 정해도 됩니다.

예를 들어 '긍정최꼬'라는 캐릭터는 캐릭터를 먼저 그려놓고, 자신감 만땅인 긍정적으로 생각하는 닭이라는 컨셉을 정했습니다. 반대로 '꼬꼬빵'은 맛집 리뷰에 사용할 캐릭터로 먹는 것을 굉장히 좋아하는 프로식탐러라는 컨셉을 정한 이후 '꼬꼬빵' 캐릭터를 그렸습니다.

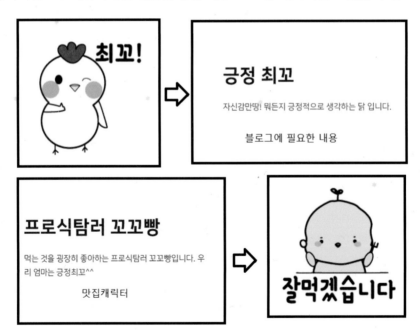

사실 컨셉 정하기와 캐릭터 구상하기는 네이버 OGQ 마켓에서는 그렇게 중요하지 않습니다. 블로그에 글을 쓸 때나 댓글 쓰기, 그리고 네이버 카페에 글을 쓸 때와 댓글 등에 사용하기

유용한 표현들로 만들면 됩니다(참고로 카카오 이모티콘 스튜디오에서는 컨셉이 가장 중요합니다).

먼저 원하는 이모티콘을 구상하여 봅니다. 그림은 어떤 것을 그릴 것인지, 주요 타겟층과 성격은 어떤 아이로 하면 좋을지 생각해서 스케치 해봅니다.

블로그에서 많이 사용하는 것으로는 캐릭터 이모티콘 이외에 글씨로 된 이모티콘이나 문단의 선을 나눠주는 선 이모티콘도 있습니다. 아래는 네이버 OGQ 마켓에서 판매 중인 행운나래 작가의 꽃과함께 전하는 긍정 메시지, 프롬단아 작가의 색연필 단색 구분선 이모티콘들입니다.

글씨 이모티콘 예시			구분선 이모티콘 예시		
응원합니다	사랑합니다	축하합니다	= = = = = = = =	▲▽▲▽▲▽▲▽	✧✧✧✧✧✧✧
최고예요	너무멋져요	넘귀여워요	◦◦◦◦◦◦◦◦◦	═⁼═⁼═⁼═⁼	∿∿∿∿∿∿∿
고마워요	축하해요	대단해요	♡ ♡ ♡ ♡ ♡	୧୧୧୧୧୧୧୧	·❀·❀·❀·❀·

생각이 잘 떠오르지 않는다면, 네이버 OGQ 마켓에서 이미 출시되어 있는 다른 작가들의 작품을 둘러보시기 바랍니다. 그러면 많은 아이디어가 떠오를 것입니다.

네이버 OGQ 마켓	QR코드로 바로보기
https://ogqmarket.naver.com/	

일단 아이디어가 떠올랐다면 종이 등에 캐릭터를 그려보세요. 그리고 컨셉 또는 성격, 타겟층 등도 같이 적어보세요.

이모티콘	성격

예시로 저희들이 만든 '최꼬'와 '꼬꼬빵' 등의 구상하기 및 컨셉 정하기 내용은 다음과 같습니다.

최꼬 : 이모티콘 구상 후 캐릭터 성격과 컨셉

꼬꼬빵 : 맛집 리뷰 등 컨셉을 먼저 잡고, 이모티콘 구상

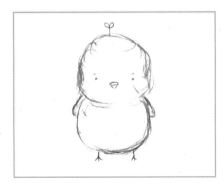

똥꼬발랄 개무지

이름 : 무지
성격 및 특징 : 초보 댕댕이
주요 타겟 : 10~30대

간식을 제일 좋아하는
귀요둥이

2. 스케치하기

이모티콘 구상이 되었다면, 좀 더 범위를 넓혀 24개의 칸에 다양한 감정과 상황 등에 따른 내용 등을 기입해 봅니다. 어떤 이모티콘이 있으면 좋을지? 필요한 것이나 많이 쓰는 것들 위주로 감정이나 행동을 적어주세요.

일단 네이버 OGQ 마켓으로 한정하여 제안하는 것을 목표로 하였으므로, 블로그에서 많이 사용하는 감정이나 단어, 느낌 등 필요한 부분으로 작성해 보세요.

아이들이 원하는 감정이나 행동을 넣으셔도 좋고요. 블로그나 카페에서 어떤 내용들을 많이 쓰는지 아이들이 모를 경우, 부모님들이 도움을 주시면 좋습니다. 24개 칸의 윗부분에 감정이나 행동들에 대한 내용을 부모님들이 적어주시고, 아이들은 그에 따른 그림만 그리는 방법으로 협업하는 것도 좋습니다.

네이버 블로그나 카페를 많이 사용하고 계시는 분이라면, 본인이 필요했던 이모티콘들 위주로 작성하셔도 좋고요. 네이버 블로그나 카페를 잘 이용하지 않는 분들이시라면, 이미 출시되어 있는 다양한 이모티콘들을 찾아보고, 다른 작가들은 어떻게 표현을 했는지 분석하는 것을 추천합니다.

위에 소개했던 글씨 이모티콘이나 구분선 이모티콘 등을 구상하는 것도 좋습니다. 글씨 이모티콘은 무료 폰트를 사용하는 경우도 있지만, 글씨를 잘 쓰는 경우 손 글씨로 예쁘게 작성하는 방법도 있습니다.

나의 캐릭터 이름 :

1	2	3	4
5	6	7	8
9	10	11	12
13	14	15	16
17	18	19	20
21	22	23	24

표의 숫자 옆에 감정들을 써 놓고, 이모티콘을 그려봅니다. 저희가 그렸던 작품 예시를 보여 드립니다.

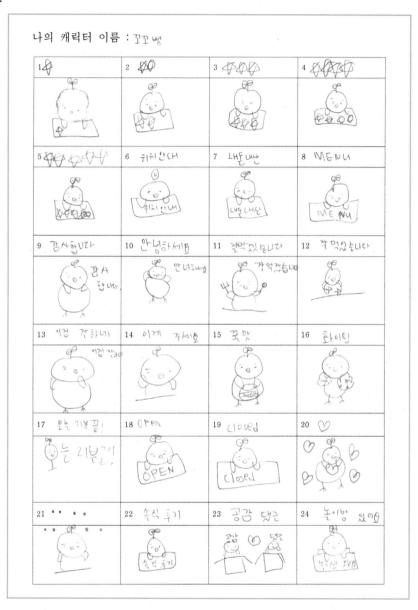

작업할 때 24개의 이미지에 대해 정성을 다해 예쁘게 그릴 필요는 없습니다. 어떻게 작업할 지만 생각해서 나만 알아볼 수 있는 아이디어를 그리는 개념으로 그려주세요. 나중에 디지털 드로잉을 하면서 완성된 그림을 그리면 됩니다.

이렇게 그려진 작품은 현재 완성되어 네이버 OGQ 마켓에 등록된 상태입니다.

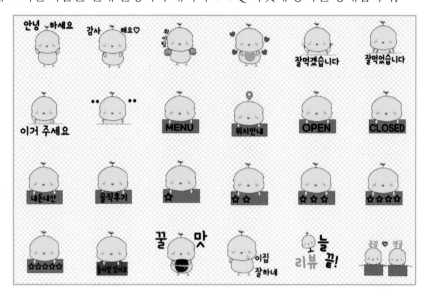

여기서 잠깐!

'꼬꼬빵'은 예전에 작업된 캐릭터로 당시에는 표정이 모두 같아도 승인이 되었습니다. 그러나 현재는 네이버 OGQ의 심사가 변경되어 표정이 모두 같은 경우 반려되는 경우가 있으니 표정의 변화, 행동의 변화에 신경 써 주세요.

3. 나만의 캐릭터 디지털 드로잉하기

이제 이모티콘 만들기의 재미에 빠져볼 시간입니다. 위의 '2. 스케치하기'에서 대략적으로 스케치한 캐릭터를 이비스 페인트를 이용하여 그려보세요.

레이어를 만들어 채색을 하고, 손으로 스케치한 24개의 이모티콘을 모두 그려 완성합니다.

여기서 잠깐!

이모티콘을 만들 때에는 빠른 시간에 만들기를 추천합니다. 1~2개 작업을 해 두었다가 다른 바쁜 일로 손을 놓으면 완성하기가 힘든 경우가 많습니다. 다소 지루하고 힘들더라도 2~3일 이내에 빠르게 작업하는 것이 좋습니다. 실제 초등학교 4학년이었던 꼬니가 '꼬꼬빵'을 완성할 때 단 4일이 걸렸습니다. 컨셉 & 구상 1일, 24개 손 그림 1일, 디지털 드로잉 2일, 4일째 되던 날 제안을 완료했습니다.

4. 저장하는 방법

❶ 우측 하단의 [복귀] 도구를 선택해주세요.

❷ [투명 배경 PNG로 저장하기]를 눌러서 저장하면 완성입니다.

[PNG로 저장하기]는 작업한 캐릭터를 PNG 형태의 이미지로 저장하는 것으로, 캐릭터 주위의 배경도 같이 저장이 이루어집니다. 갤러리로 가서 보면 다음과 같이 나오는데 오른쪽 검은색으로 저장된 것이 [투명 배경 PNG로 저장하기]입니다.

네이버 OGQ 마켓에 제안을 할 때는 반드시 [투명 배경 PNG로 저장하기]를 해야 합니다.

❸ 24개의 이모티콘을 모두 [투명 배경 PNG로 저장하기] 해줍니다.

STEP
05

이모티콘
제안하기

05 : 이모티콘 제안하기

1. 네이버 OGQ 마켓에 제안을 위한 준비사항

네이버 OGQ 마켓에 등록할 때는 스티커 이미지 24개, 대표 이미지 1개, 탭 이미지 1개가 필요합니다.

	수량	해상도	파일명
스티커 이미지	24개	740 × 640px	1.png~24.png
대표 이미지	1개	240 × 240px	main.png
탭 이미지	1개	96 × 74px	tab.png

(해상도 : 72dpi 이상 / 컬러 모드 : RGB / 이미지 용량 : 각 1MB 이하)

스티커 이미지 파일명 수정하기

갤러리에 저장된 24개 이모티콘의 파일명을 1번에서 24번으로 넘버링 합니다. 파일명은 1.png~24.png으로 붙이면 됩니다. 네이버 OGQ 판매 시 파일명의 순서대로 보여지기 때문에 대표되는 것이나 많이 사용할 것들을 앞번호로 해 주면 좋습니다.

파일명을 변경하려면 다음과 같이 하면 됩니다.

❶ 오른쪽 위에 '점 3개'를 눌러주세요.

❷ [상세정보]를 선택하여 들어갑니다.

❸ 오른쪽 상단에 [편집]을 눌러주세요.

❹ 파일 이름을 차례대로 1~24.png로 변경합니다.

대표 이미지 만들기

만들어 둔 24개 이미지 중에서 대표되는 이미지 1개를 별도로 만듭니다. 네이버 OGQ 마켓에서 '꼬꼬빵'을 찾아보면 다음과 같이 나오는데 대표 이미지란 맨 위에 자리 잡는 이미지를 말합니다.

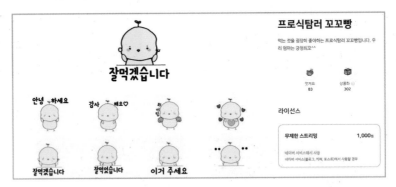

새 캔버스를 240×240으로 해준 다음 그려 놓은 24개 중에 대표 이미지를 하나 정해서 그려주세요. 완성되었으면 [투명 배경 PNG로 저장하기]로 저장한 후 갤러리에서 파일명을 main.png로 변경합니다.

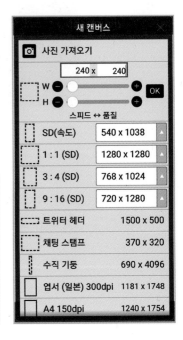

TIP

대표 이미지도 복사/붙여넣기가 가능합니다만, 캔버스 사이즈가 작아져서 그림이 깨져 보일 수 있습니다. 따라서 복사/붙여넣기를 한 후, 그 그림을 아래 레이어로 하고, 위에 새 레이어를 생성하여 그림이 깨지지 않도록 다시 그려주세요.

탭 이미지 만들기

탭 이미지란 블로그 글쓰기나 댓글을 쓸 때 스티커 형태로 보여지는 표기로, 작게 보이는 그림입니다. 우측 그림은 블로그 글쓰기 할 때 탭 이미지 모습입니다.

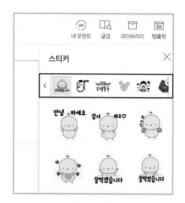

❶ 새 캔버스를 96×74로 하여 원하는 이미지를 그려주세요.

❷ 복사/붙여넣기 해 놓은 그림을 아래 레이어로 하고 위에 새 레이어를 생성하여 그림이 깨지지 않도록 다시 그려주세요. 캔버스 사이즈가 너무 작아, 그림이 깨질 수 있으니 최대한 깨지지 않도록 그려주세요.

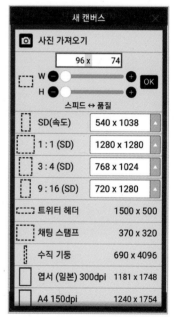

저희도 이 정도의 깨짐 현상은 있었습니다. '무지' 캐릭터는 몸까지 달려 있는 캐릭터인데, 저희는 얼굴만으로 탭 이미지를 정했습니다. 탭 이미지는 꼭 대표 이미지랑 같지 않아도 괜찮습니다. 저장 후 파일명은 tab.png로 변경해주세요.

❶ 파일명 변경 시, 'tap'으로 하지 않으시길 주의 드립니다. 간혹 'tap'으로 저장하여 등록이 안 되는 경우가 있습니다.

❷ 대표 그림에 글씨가 있다면, 탭 이미지에서는 빼도 좋습니다. 저희는 '꼬꼬빵'의 '잘 먹겠습니다'를 대표 이미지로 정해서 탭도 똑같이 했는데, 등록되고 나니 글씨가 너무 많아 글씨는 없어도 좋았겠다 싶었습니다.

❸ '무지'와 같이 얼굴과 몸이 있는 이모티콘인 경우, 탭 이미지는 얼굴만으로 표현해도 좋습니다.

※ 대표 이미지, 스티커 이미지, 탭 이미지의 파일명은 굉장히 중요합니다. 철자가 틀리거나 대문자로 되어 있으면 업로드가 되지 않으니 주의해 주세요.

주의사항

네이버 OGQ 크리에이터에서 공지한 주의사항은 다음과 같습니다.

> • 스티커의 배경색은 투명으로 해주세요.
> • 여백이 가급적 없도록 스티커를 최대한 크게 만들어 주세요.
> • 스티커에 글씨가 들어가는 경우, 가독성을 고려하여 작업해주세요.

제안을 했을 때 반려된 가장 큰 이유가 투명 배경으로 저장하지 않아 배경이 투명하지 않은 것, 스티커가 너무 작은 것, 스티커의 글씨가 작거나 흐릿해서 가독성이 떨어지는 경우였습니다. 따라서 위 주의사항을 꼭 숙지하시기 바랍니다.

2. 네이버 OGQ 마켓에 제안하기

네이버 OGQ 마켓에 제안하는 방법은 스마트폰으로 하는 방법과 PC로 하는 방법 2가지가 있습니다. 이 책은 스마트폰을 기준으로 하였기 때문에 스마트폰으로 제안하는 방법을 알려드립니다. PC라고 해서 특별한 건 없고 이비스 페인트로 만든 이모티콘을 모두 PC로 옮긴 뒤 파일명 변경을 하고, PC를 이용해서 제안을 하면 됩니다. 제안하는 방법은 동일합니다.

❶ 네이버 OGQ 마켓을 검색해서 들어갑니다.

❷ 오른쪽 위에 ☰ 을 선택합니다.

❸ [크리에이터 되기]를 선택합니다.

❹ 네이버 OGQ 크리에이터 스튜디오가 나옵니다. 원하는 계정으로 로그인합니다.

❺ [콘텐츠 업로드]를 선택합니다.

❻ 스티커를 선택합니다. 우리가 만든 이모티콘은 네이버에서는 스티커로 적용됩니다.
(네이버 OGQ 마켓에는 이모티콘 이외에 애니메이션, 이미지, 컬러링시트, 음원도 가능합니다.)

❼ [대표 이미지 업로드]를 선택합니다.

❽ 앞에서 만들어 놓은 대표 이미지(main.png)를 업로드해 주세요.

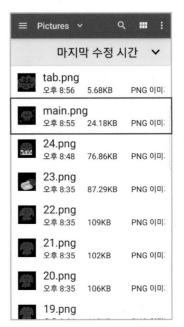

❾ 제목과 내용, 태그를 입력합니다. 해시태그는 20개까지 가능하니 검색이 잘 되도록 20개를 모두 채워서 넣어줍니다.

❿ 가격을 결정해 주세요. 콘텐츠 업로드의 첫 번째 항목인 애니메이션 스티커는 2,200원, 2,750원, 3,300원으로 구성되어 있습니다. 우리가 제안하는 일반 스티커는 1,000원, 1,500원, 2,000원으로 구성되어 있지만, 시장 가격이 1,000원에 형성되어 있으므로 1,000원으로 하면 좋습니다. 그러나 여러분이 원하는 대로 가격을 정해도 됩니다.

⓫ 스티커 이미지를 업로드해 줍니다. 그동안 작업했던 24개의 이모티콘을 모두 올려주면 됩니다.

⓬ 한 번에 24개 모두 선택이 가능하므로 한 번에 올려주면 편합니다.

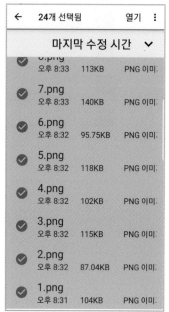

❸ 올라간 모습입니다.

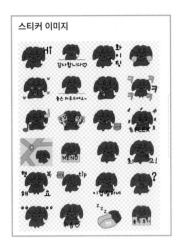

❹ 마지막으로 탭 이미지를 업로드해 줍니다.

❺ [탭 목록 이미지 업로드]를 선택 후 tab. png 사진을 찾아 올리면 됩니다.

❻ 그러면 탭 모양으로 업로드가 됩니다. 탭 이미지까지 업로드를 하면 아래 [업로드하기]가 활성화되므로 눌러주세요. 파일명이 틀리거나 제대로 업로드가 되지 않으면 [업로드하기]가 활성화되지 않습니다. [업로드하기] 버튼이 활성화되지 않았을 경우, 틀리게 입력한 부분은 없는지 다시 한번 검토해주세요.

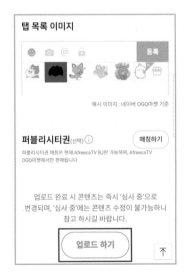

여기까지 네이버 OGQ 마켓에 제안하기가 완료되었습니다.

축하드립니다!!

여러분도 이제 이모티콘 작가의 첫발을 뗀 상태입니다. 네이버에서는 출시를 알려주는 별도의 메일이 발송되지 않습니다. 2주 후에 크리에이터 스튜디오에서 직접 확인해야 합니다. 저의 경우에는 그것을 몰라 첫 판매가 된 후에 등록이 된 것을 알았습니다. 첫 판매가 되면 메일이 옵니다. 제가 구입하거나 지인이 구입하지 않았는데, 등록이 되자마자 판매가 된 것을 보고 너무 기뻤던 기억이 납니다.

네이버 OGQ는 승인이 쉬운 플랫폼이지만, 간혹 승인이 되지 않을 경우가 있습니다. 투명 배경, 그림의 크기, 글씨의 가독성 등 어떤 이유에서 승인이 안 되었는지 알려주기도 하고, 내부 심사규정에 의해 반려되었다고 할 때도 있습니다. 이유를 알려줄 때는 다시 수정하여 제출하면 되고, 내부 심사규정에 의해 반려된 경우에는 조금 어렵지만, 아래 심사 규정을 꼼꼼히 확인하여 수정 후 다시 제출하면 됩니다.

알아두면 좋은 내용

네이버 OGQ 크리에이터 홈페이지에 나와있는 심사를 통과하기 어려운 스티커와 인기 많은 스티커를 알려드립니다.

1. 심사를 통과하기 어려운 스티커

- 마켓에서 지정한 파일 설정을 준수하지 않은 경우
- 의도하지 않은 픽셀 깨짐, 품질 열화, 외곽선 뭉개짐, 형태의 과도한 왜곡 등 완성도가 부족한 경우
- 욕설, 폭력, 비방, 선정성, 정치적/종교적 성향이 짙은 내용 등 부적합한 콘텐츠로 판단이 되는 경우
- 콘텐츠의 내용이 커뮤니케이션에 도움이 되지 않거나, 서비스의 품질을 떨어뜨리는 경우
- 네이버 OGQ 마켓에서 이미 판매 중인 콘텐츠의 내용과 중복되는 경우
- 스티커에 들어간 글자에 오탈자가 있는 경우

- 블로그, 카페 등 포스팅에 사용하기 좋은 내용
- 댓글 등 일상 대화에서 활용 가능한 내용
- 여행, 스포츠, 사진, 음악 등 스티커를 사용하는 목적이 명확한 내용
- 쉽게 눈에 띄면서 개성 있는 표현을 사용한 내용
- 동작이 간결하고 분명해서 쉽게 이해할 수 있는 내용
- 24개의 스티커 이미지 중 자주 사용되는 스티커를 먼저 배치
- 24개의 스티커 이미지가 너무 유사하지 않도록 다양한 변화 주기

3. 다른 플랫폼(카카오톡, 밴드, 라인 등) 제안하는 방법

- 카카오이모티콘스튜디오 https://emoticonstudio.kakao.com/
- 밴드스티커 https://partners.band.us/partners/sticker
- 라인크리에이터스스티커 https://creator.line.me/ko/
- 모히톡스티커 https://stickerfarm.mojitok.com/

네이버 OGQ 마켓, 밴드와 라인에서는 스티커, 애니메이션 스티커라고 불리고, 모히톡에서는 움직이는 스티커, 멈춰있는 스티커라고 하며, 카카오 이모티콘 스튜디오에서는 멈춰있는 이모티콘, 움직이는 이모티콘이라고 불립니다.

제안 가이드를 다음과 같이 알려드립니다.

네이버 OGQ 마켓 https://ogqmarket.naver.com/
❶ 스티커

이미지	수량	사이즈	파일이름	해상도	컬러모드	용량
메인 이미지	1개	240 × 240px	main.png			
스티커 이미지	24개	740 × 640px	1.png~24.png	72dpi	RGB	각 1MB 이하
탭 이미지	1개	94 × 74px	tab.png			

❷ 애니메이션 스티커

이미지	수량	사이즈	파일이름	해상도	컬러모드	용량	프레임 수
메인 이미지	1개	240 × 240px	main.png				
스티커 이미지	24개	740 × 640px	1.gif~24.gif	72dpi	RGB	각 1MB 이하	각 100 이하
탭 이미지	1개	94 × 74px	tab.png				

파일 이름이 동일하게 들어가지 않으면 제안이 안 되므로 꼭 파일 이름을 확인해 주세요.

카카오이모티콘스튜디오 https://emoticonstudio.kakao.com/
❶ 멈춰있는 이모티콘

수량	사이즈	파일형식	해상도	컬러모드	용량
32종	360 × 360px	png(투명배경)	72dpi	RGB	각 150KB 이하

❷ 움직이는 이모티콘

이미지	수량	사이즈	파일형식	해상도	컬러모드	용량	프레임 수
움직이는 이미지	3종	360 × 360px	gif(흰색배경)	72dpi	RGB	각 150KB 이하	24개 이하
멈춰있는 이미지	21종	360 × 360px	png(투명배경)	72dpi	RGB	각 2MB 이하	

❸ 큰 이모티콘

이미지	수량	사이즈	파일형식	해상도	컬러모드	용량	프레임 수
움직이는 이미지	3종	540 × 540px	gif(흰색배경)	72dpi	RGB	각 150KB 이하	24개 이하
멈춰있는 이미지	13종	540 × 540px	png(투명배경)	72dpi	RGB	각 2MB 이하	

카카오톡은 파일의 형식이 맞으면 파일 이름은 상관이 없습니다. 움직이는 이모티콘과 큰 이모티콘의 경우, 움직이는 이미지를 3종만 제출하고 심사 승인이 된 후에 나머지 작업을 합니다. 큰 이모티콘의 사이즈는 540×540으로만 표기했는데 540×300 또는 300×540도 가능하며 혼합해서 제안할 수 있습니다.

밴드스티커 https://partners.band.us/partners/sticker

❶ 스티커

수량	사이즈	파일형식	해상도	컬러모드
5컷	370 × 320px	png	72dpi	RGB

❷ 애니메이션 스티커

이미지	수량	사이즈	파일형식	해상도	컬러모드
멈춰있는 이미지	5컷	370 × 320px	png	72dpi	RGB
움직이는 이미지	3컷	370 × 320px	gif	72dpi	RGB

밴드의 경우에는 테스트 컷을 먼저 제출합니다. 심사가 통과되면 스티커는 40컷, 애니메이션은 24컷을 제작합니다. 시안을 제작하고, 피드백을 받고 다시 수정하는 방법으로 제작이 됩니다. 애니메이션의 경우 멈춰있는 이미지로 시안을 제작하고, 피드백을 받은 이후에 gif로 제작을 합니다.

라인크리에이터스스티커 https://creator.line.me/ko/

❶ 스티커

이미지	수량	사이즈	파일형식	해상도	컬러모드	용량
메인 이미지	1개	240 × 240px	png			
스티커 이미지	8, 16, 24, 32, 40종 중 선택가능	370 × 320px	png	72dpi	RGB	각 1MB 이하
탭 이미지	1개	94 × 74px	png			

❷ 애니메이션 스티커

이미지	수량	사이즈	파일형식	해상도	컬러모드	용량	프레임 수
메인 이미지	1개	240 × 240px	png(APNG)				5~20
애니메이션 스티커 이미지	8종, 16종, 24종	370 × 270px	png(APNG)	72dpi	RGB	각 300KB 이하	
탭 이미지	1개	94 × 74px	png				

라인스티커의 경우에는 멈춰있는 스티커를 8개부터 제안이 가능하므로 도전해 볼만 합니다. 네이버 OGQ 마켓에 제안했던 스티커를 사이즈만 변경하여 라인에 제안해 보세요.

모히톡스티커 https://stickerfarm.mojitok.com/

이미지	수량	사이즈	파일형식	해상도	용량
대표 이미지	1개	250 × 250px	png	72dpi	500KB 이하
스티커 이미지	최소 1개 이상	618 × 618px	png / gif	72dpi	500KB 이하

모히톡 스티커는 최소 1개 이상 제안이 가능합니다. 멈춰있는 스티커, 움직이는 스티커 모두 가능합니다.

사이즈 확인하고, 멈춰있는 것은 png 파일, 움직이는 것은 gif로 만들어 제안할 수 있습니다.

이모티콘 시장은 네이버 OGQ 마켓 이외에도 다양한 플랫폼이 있습니다. 먼저 네이버 OGQ 마켓에 제안을 하고, 수익을 내면서 다른 플랫폼에도 제안해 보길 추천드립니다.

나도 이모티콘 작가 프로젝트

아래는 실제 엄마 또는 초등학생/중학생 아이들에게 이모티콘 수업을 하면서 함께 했던 커리큘럼입니다. 여러분도 14일 만에 이모티콘 작가가 되어보세요.

차수	내용	참고
1일차	프로그램 설치 및 툴 사용 방법	
2일차	컨셉 정하기 및 캐릭터 구상하기	
3일차	24개 이모티콘 스케치하기	
4일차	디지털드로잉(손그림) : 쏘어, 꼬미 따라 그리기	
5일차	디지털드로잉(도형그림) : 랫서 따라 그리기	
6일차	내 이모티콘 디지털드로잉 : 1개	
7일차	내 이모티콘 디지털드로잉 : 2개	
8일차	내 이모티콘 디지털드로잉 : 3개	
9일차	내 이모티콘 디지털드로잉 : 3개	
10일차	내 이모티콘 디지털드로잉 : 3개	
11일차	내 이모티콘 디지털드로잉 : 4개	
12일차	내 이모티콘 디지털드로잉 : 4개	
13일차	내 이모티콘 디지털드로잉 : 4개	
14일차	대표 이미지, 탭 이미지 만들기, 저장하기, 제안하기	

나도 이모티콘 작가 프로젝트 후기

 엄마, 누군가 내 이모티콘을 사용할 거라고 생각하니 꿈만 같아. – 윤혜진 / 최서인(초5)
블로그 주소 : https://blog.naver.com/rachma00

어느 단톡방에서 꼬니맘님의 이모티콘 작가 2기 모집 글을 보았다. 블로그 글을 보자마자 초5 딸이 생각났다. 틈만 나면 유튜브 방송을 보며 캐릭터 그리기에 심취한 딸이다. 빨리 딸에게 알려주고픈 맘에 많이 설레었다.

"서인아~ 이모티콘 만들기 프로젝트가 있는데 한번 해볼래?"

좀처럼 흥분하지 않는 딸은 방방 뛰면서 아주 좋아했다.

그렇게 시작한 '나도 이모티콘 작가 2기'

이모티콘을 그리기 위해 먼저 이비스 페인트라는 어플을 다운받고 꼬니맘님이 미리 보내주신 전자책을 인쇄한 다음 제본하여 준비해 두었다. 처음에는 캐릭터를 잡고 간단하게 스케치를 한 다음 하루에 3개씩 이비스 어플에 그려나갔다.

딸은 '메디방'이라는 어플로 그림을 그려본 적은 있지만 혼자서 끄적이던 수준이라 기능을 거의 몰랐는데 이번에 이비스 어플로 이모티콘 그리기를 하면서 행복한 꼬니맘님이 친절히 글과 영상으로 알려주셔서 초5 혼자서도 기능을 잘 사용할 수 있었다. 하다가 모르는 게 있으면 단톡방에 물어보면 바로 알 수 있어서 좋았고, 꼬니맘님은 인증 글마다 격려해주시고 코멘트를 주셔서 아이가 더 힘을 내서 할 수 있었다. 꼬니맘님 아이도 초5인데 작년 초4때부터 이모티콘을 만들었다고 한다.

아이와 함께 해 보셔서 그런지 아이 눈높이에 맞게 잘 알려주셨다. 이모티콘을 그리면서 아이 스스로 팁이 생겼는데 처음 기본 이모티콘을 잘 그려 놓으면 그 다음 이모티콘 그리기가 쉽다고 했다. 또 그림 수정을 자주해보고 실패를 하면서 점점 쉬운 방법을 터득해 나갔다. 역시 직접 해보고 부딪혀봐야 알 수 있는 법이다. 아이라 뇌가 말랑말랑 해서 그런지 이모티콘 아이디어가 계속해서 생겨났다. 24개인데 더 그리면 안 되냐며... 그리기도 점점 수월해지고 속도도 빨라졌다.

드디어 24개를 다 완성해서 네이버 OGQ 마켓에 제안을 하게 되었다.

이 모든 것이 2주가 채 안 걸렸다. 정말 꼬니맘님을 무작정 따라하니 이모티콘 작가가 되어 있었다. 이제 아이 혼자서도 잘 할 수 있을 것 같다. 놓칠 수 있는 것, 사소한 것 하나하나 처음부터 꼼꼼히 알려주신 행복한 꼬니맘님 덕분이다.

나는 이번 이모티콘 프로젝트를 하면서 아이가 이런 것들을 느낄 수 있게 된 것 같아서 참 좋았다.

혼자 힘으로 쓸모 있는 무언가를 만들어 낼 수 있다는 것

내가 좋아하는 일로 돈도 벌 수 있다는 것

무엇이든지 노력과 정성이 필요하다는 것

실패를 해봐야 성공할 수 있다는 것

혼자서도 잘할 수 있다는 것

창의성이 필요한 일을 해본 것

그리고 무엇보다도 시작을 하고 꾸준히 지속해서 끝을 내보는 경험을 한 것

우리 딸의 소감도 들어보았다.

엄마, 누군가 내 이모티콘을 사용할 거라고 생각하니 꿈만 같아.

이걸 나 혼자 다했다는 게 믿기지가 않고 내가 너무 자랑스러워!

나 다음에 또 할거야!

아이와 나는 엄청난 경험을 한 것 같다. 성취감이 대단하다. 앞으로 다른 것들도 도전하고픈 마음이 생겨났다. 아이에게 긍정적인 경험을 선물해 준 꼬니맘님께 감사드립니다.

이번에 밀린 일들을 하기 위해 그림을 그리는 도중 엄마께서 '나도 이모티콘 작가 2기'라는 프로젝트를 발견하시고 소개시켜 주셨습니다. 프로젝트에 참여하고 나서 이모티콘을 등록하고 나니, 소비자에서 생산자로 조금이나마 갔다는 생각에 너무 뿌듯하고 기뻤습니다. 마지막 14일차뿐만 아니라 그림 하나하나를 완성할 때마다 내가 그냥 그림을 그리는 것이 아니라 생산자가 되기 위해 그림을 그리고 있다는 생각 때문에 항상 기뻤습니다.

항상 늦은 시간에도 친절하게 설명해주시는 꼬니맘님 덕분에 제가 많이 더 잘할 수 있게 된 것 같습니다. 그동안 항상 미루던 생활을 했던 제가 다른 사람들과 같이 시간을 두고 꾸준히 매일 간단하게 3개씩 그림을 그리다 보니 그림을 그리는 일이 더 즐거워지고 더욱더 이모티콘을 그리고 싶다는 생각이 들었습니다.

저는 항상 신문이나 인터넷에 나오는 제 나이 또래의 어린이들이 자신의 능력으로 무언가를 해내고 있는 모습을 지켜보기만 하고 부러워하기만 할 줄 알았는데, 이런 좋은 프로젝트로 이모티콘까지 만들게 되어 정말 제 능력을 제대로 잘 쓸 수 있었던 시간이었던 것 같아요.

오래 전, 아주 오래 전 사춘기 시절 순정 만화 덕후였던 제가 생각났어요. 학교에서 쉬는 시간이나 방과 후에 만화를 따라 그렸던 기억이 있어요. 성인이 되고, 결혼을 하고, 엄마가 되면서 그 꿈은 기억에서 사라졌죠. 사춘기 시절에 만화가를 꿈꾸었어요. 그림을 그리 잘 그리는 편은 아니었지만 만화가가 되는 것이 정말 멋지다고 생각했었더랬어요. 하지만 그 때는 어떻게 그 꿈을 이루는지 알 방법이 없었고, 그냥 취미이자 이루어지지 않는 첫사랑처럼 꿈으로 끝나 버렸어요.

요즘은 하고자 하는 꿈이 있으면 정보와 그 길이 방대하게 열려 있는데 그 당시는 그렇지 못했지요.

"아~~그랬었지! 생각났어! 내가 좋아하고, 하고 싶었던 것"

최근에 루비와 호야 그림을 그리면서 느꼈던 점은 그림을 그리고 있으면 내가 행복해진다는 것이었어요. 블로그 글쓰기도 좋아하지만 글쓰기는 고통의 끝에 나오는 결과라면 그림은 즐기면서 하더라고요.

꿈을 이루어야 하겠다는 생각은 없어요. 좋아하는 것을 기억해 내었다는 것이 큰 선물이라고 생각하고 좋아하는 것을 하면서 살아야겠다는 생각을 해요.

직장에서 일을 하다가 잠시 시간이 나서 블로그 피드를 보고 있는데 행복한 꼬니맘님의 포스팅이 눈에 들어왔어요. 순간 운명에 이끌리듯 신청을 하게 되었네요.

후훗~~~

주소를 보내달라는 코멘트에 정말 집 주소를 보내었던 웃픈 에피소드가 있어요(정말 저는 뼛속까지 아날로그 세대임을 증명 ㅠㅠ).

신청을 하고 며칠 뒤 메일로 전자책이 도착하였어요. 루비와 호야의 이모티콘을 만들고 싶다는 생각을 하고 있었지만 큰 난관이 있었어요.

유튜브에 찾아보면 대부분의 이모티콘을 만드는 작가님들은 아이패드나 갤럭시 탭 그리고 포토샵으로 그리더라고요. 저는 아이패드와 갤럭시탭은 가지고 있지도 않고 포토샵은 다룰 줄 모르거든요. 이모티콘을 만들고 싶다는 생각만 하고 있었는데 행복한 꼬니맘님이 정답을 제시해 주셨네요.

태블릿과 포토샵이 없어도 스마트폰만으로 이모티콘을 만들 수 있는 방법으로 네이버 OGQ 마켓 이모티콘 만들기 전자책을 만드셨고 이번 프로젝트를 진행한다고 하시더라고요.

와~~~멋진 경험이 될 것 같아 바로 신청했죠.

이비스 페인트 어플을 사용하여 그림을 그리는데요. 처음에는 이비스 페인트 어플 사용법을 익히는 시간이 필요해요. 손으로 그림을 그리기 불편해서 다이소에서 터치펜을 1,000원에 사서 했더니 쓸 만하더라고요.

14일간 일정인데 하루하루 미션을 인증해야 하는 방법으로 진행했어요. 처음에 이비스 페인트 어플을 까는 미션부터 시작해서 컨셉 잡기, 24가지 이모티콘 시안 잡기, 그리고 매일 그림 3개씩 그려서 인증받기예요. 14일 동안 정말 재미있게 했었고 14일이 후루룩하고 금세 지나가 버렸어요.

한꺼번에 하면 힘도 들고 하다가 안 되면 포기할 수도 있었는데 행복한 꼬니맘님이 이끄는대로 따라했더니 이렇게 끝까지 할 수 있었던 것 같아요.

네이버 OGQ 마켓에 드디어 업로드하고 승인을 받았어요.

그림을 전공한 전문가들만 하는 거라고 생각했는데 이런 결과물을 만들어낸 나 자신이 뿌듯하고 대견하네요.

꼬니맘님의 프로젝트를 만난 것이 너무나 행운이었던 것 같아요.

다른 단톡방에서 이모티콘을 등록하셨다는 분이 계셔서 사비로 두 번 이모티콘을 사서 쓰고 있었다. 그리고 그런 일은, 나랑은 다른 먼 얘기인줄 알았다. 그러다 우연히 핸드폰으로 이모티콘 만들기가 가능하다는 얘기를 봤고 비슷한 시기에 행복한 꼬니맘님이 이모티콘 작가2기 모집한다기에 그냥 무턱대고 신청해 버렸다.

〈1일차〉
누구나 할 수 있는 간단한 미션.
"이비스 페인트 프로그램을 설치하세요."
다른 프로젝트를 하면서 첫 미션을 쉽게 내주는 걸 경험하고 똑같이 쉬운 미션을 해보고 싶으셨단다. 나도 언젠가 기회가 되면 이런 미션부터 줘봐야지.
미리 나눠주셨던 행꼬님 전자책을 먼저 봤었고, 이미 이비스 페인트를 깔아서 찔끔찔끔 그려봤었기에 첫 미션 가뿐히 통과. ㅋ
소소한 성취감을 바로 느끼게 해주시고...ㅎㅎ

〈2일차〉
대충 캐릭터는 전자책 보면서 잡아놨으니 대략 생김새와 이름, 컨셉은 몇 번 수정하면서 만들었다. 주변에 "나 요즘 이런거 한다"고 대놓고 얘기하고 물어도 보면서 아이디어도 좀 얻고 ㅋ
그렇게 정해진 내 최초 캐릭터!
내 닉네임이자 내가 좋아하는 세잎클로버가 들어간 환경보호용 캐릭터... ㅎㅎ

〈3일차〉
무슨 근자감으로 이비스 페인트 따위 쉽게 마스터할 수 있을 줄 알고 그 전에 혼자 찔끔찔끔 그려봤지만..
음... 너~~무 어려웠다. ㅋㅋㅋㅋ
행복한 꼬니맘님 시키는대로 연습하기 미션 완료해보고 나니 그제서야 조금 레벨업 되는 느낌. 그리고도 계속 버벅댈 때마다 동영상까지 찍어서 알려주시는 행복한 꼬니맘님 덕분에 해결했고 이제는 이비스 페인트 완벽 마스터한 느낌?(이놈의 근자감... ㅋㅋㅋ)
이래서 이끌어주는 사람이 필요한거구나... 싶었다.

〈4일차 ~ 13일차〉

여러 번의 수정 끝에 하나의 캐릭터를 완성하고 며칠 동안 시키는대로 하루의 미션을 성공하다 보니 24개 완성~~!!^^

매일매일 카페에 미션을 올리고 행복한 꼬니맘님께서 달아주시는 댓글에 혼자 힘이 나기도 했고, 가끔 댓글이 늦게 달릴 때는 은근 기다리기도 했다는... ㅋ

지나고보니 단톡방에다 내가 많은 질문을 퍼부었던거 같다. 레이어를 여러 장 사용하지 않고 그렸고, 생뚱맞게 색칠이 잘 안될 때도 있었고, 그림 회전, 글자 쓰는 방법, 붓 사용방법...

그럴 때마다 행복한 꼬니맘님과 또 같은 동기님들께서 잘 알려주셔서 참 감사했다.

〈14일차〉

계속 매일 미션을 잘 완성하고 마지막 날도 그림 몇 개 그리면 끝인 줄 알았다가 등록하기까지 있는 줄 늦게 알았다. 그냥 매일 시키는 대로 따라 그리다보니 어느새 24개가 완성되어 있었다. 마지막 날까지 미션 다 수행해 보겠다고 새벽 2시까지 질문을 했음에도 그때까지 대답해주셨던 행꼬님.. & 그날 늦게까지 같이 도전을 멈추지 않았던 동기 분들... 모두모두 감사했다.

그림과, 미술과 아무 관련 없던 나도 이모티콘 작가가 될수 있을까...라는 재밌는 희망을 가지고 한가지 일에 도전했다는 성취감을 오랫만에 느꼈다.

매일 늦은 시간까지 열일한 내 눈과, 제대로 빛을 발휘한 내 노트20폰에게도 감사를...

그리고 무엇보다도 저를 잘 이끌어주신 행복한 꼬니맘님, 같이 으쌰으쌰 해주신 2기 분들(대단한 초등학생님들 포함) 모두모두 감사드려요~~^^

행복한 꼬니맘이 진행하는 나도 이모티콘 작가 프로젝트 3기를 참여한 전업주부 윤화자입니다. 평소 블로그, 카페, 카톡을 할 때 이모티콘을 잘 사용하는 편인데요. 말로 표현하기 힘든 것, 미묘한 뉘앙스를 전달할 때, 좀 더 감정을 재밌게 표현하고 싶을 때 자주 사용했던 것 같아요. 이모티콘을 사용하다 보면 나를 표현해줄 만한 이모티콘이 있으면 좋겠다는 생각을 하고 있었어요. 그래서 나를 표현할 수 있는 이모티콘을 그려보는 건 어떨까?

그렇지만 어떻게 그리는지도 모르고, 그림도 잘 그리는 편도 아니어서 걱정이 되었어요. 특히 포토샵, 일러스트 등 디자인 툴은 제가 할 수 없는 영역이라 생각했어요.

그러던 차에 행복한 꼬니맘의 나도 이모티콘 작가 프로젝트를 만났어요. 이모티콘의 'ㅇ'자도 모르는 왕초보라도 2주 만에 이모티콘 작가가 될 수 있다라는 말에 용기를 갖고 도전을 하게 되었어요.

제가 그릴 때마다 "엄마 이게 뭐야?" 관심을 보이는 초4의 딸도 같이 참여를 했답니다.

아이와 함께 참여하다보니 왠지 모를 책임감이 생기더라구요. 그래서 제가 아이를 티칭하겠다는 생각으로 열심히 임했던 것 같아요. 프로젝트 시작 전 제공해 준 꼬니맘의 전자책은 이해가 될 때까지 읽고 적용하고, 잘 모르겠으면 꼬니맘에게 귀찮을 정도로 질문을 하면서 말이죠. 꼬니맘이 매일 주는 미션은 무슨 일이 있더라도 완성하겠다는 생각으로 매일 매일 아이와 그려 나갔어요.

종이에 그림 그리기조차 어려워했던 우리는 디지털 앱에서 그림을 그리면서 버벅대기도 하고, 생각지 않은 그림에 웃기도 하고 우리만의 이모티콘을 만들 생각에 즐겁게 그려 나갔어요.

매일 하나씩 그리다 보니 어느새 아이는 저의 티칭은 필요 없고 이제는 혼자서 척척 그려 내더라구요.

초반에는 그림도 작고 삐뚤빼뚤했는데 매일 집중해서 그리다 보니 그림도 나아지고 아이디어도 나오더라구요. 그렇게 저는 1주일 만에 이모티콘을 완성하고, 아이는 단 3일만에 이모티콘 24개를 다 그려냈어요. 지금은 OGQ 마켓에 제안을 하고 기다리고 있는데요.

아이와 함께 이모티콘을 그려냈다는 것에 대해 뿌듯하고 뭔가 해냈다는 성취감이 들어요.

24개 이모티콘을 다 그렸다고 해서 끝난 게 아니라 우리 두 모녀는 시간이 날 때마다 이모티콘을 그리려고 해요. 일종의 취미활동과 소통의 장이 된 것 같아요.

꼬니맘의 프로젝트를 통해 그림을 잘 그리지 않아도 이모티콘으로서 재밌게 쓸 수 있는 아이디어만 있으면 누구나 쉽게 이모티콘 작가가 될 수 있다는 걸 알게 될 꺼예요. 또 덤으로 디지털 세상에 생산자의 삶으로 아이와 함께 성장하는 모습도 느낄 수 있구요.

누가 만들어 놓은 이모티콘을 그냥 쓰는 것과 내가 직접 만들어 보는 것은 해보지 않은 사람은 느끼지 못할 기분일 꺼예요. 디지털 시대, 모바일 세상에서 또 다른 언어가 된 이모티콘, 나를 표현해 줄 이모티콘을 만들고 싶다면 행복한 꼬니맘의 나도 이모티콘 작가 프로젝트를 통해 이뤄 보세요.

엄마와 아이가 함께 하는

스마트폰으로 이모티콘 작가되기

2021년 9월 10일 1판 인쇄
2021년 9월 10일 1판 발행

펴낸이　| 김정철
펴낸곳　| 아티오
지은이　| 임희빈, 최고은
마케팅　| 강원경
표　지　| 김지영
편　집　| 이효정
전　화　| 031-983-4092~3
팩　스　| 031-696-5780
등　록　| 2013년 2월 22일
정　가　| 16,000원
주　소　| 경기도 고양시 일산동구 호수로 336 (브라운스톤, 백석동)
홈페이지　| http://www.atio.co.kr

* 아티오는 Art Studio의 줄임말로 혼을 깃들인 예술적인 감각으로 도서를 만들어 독자에게 최상의 지식을 전달해 드리고자 하는 마음을 담고 있습니다.